2011

101 RECETAS VEGETARIANAS

Título original: *101 Veggie Dishes*

Primera publicación en 2003 por BBC Books,
un sello de Ebury Publishing.

© 2003, Woodlands Book Ltd, por la edición
    original
© 2003, *BBC Good Food Magazine* y *BBC
    Vegetarian Good Food Magazine*, por las
    fotografías
© 2011, Random House Mondadori, S.A.
    Travessera de Gràcia, 47-49. 08021 Barcelona
© 2011, Nieves Nueno, por la traducción

Primera edición: febrero de 2011

Edición: Vivien Bowler
Edición del proyecto: Sarah Reece
Redacción: Gilly Cubitt
Diseño: Kathryn Gammon y Annette Peppis
Dirección de arte: Sarah Ponder
Producción: Christopher Tinker

Fotocomposición: Compaginem

ISBN: 978-84-253-4596-8

Impreso en Gráficas 94, S.L.
Sant Quirze del Vallès (Barcelona)
Encuadernado en Reinbook

Depósito legal: B.738-2011

G R   4 5 9 6 8

101 RECETAS VEGETARIANAS

Orlando Murrin

Grijalbo

Sumario

Introducción

Tanto para un vegetariano de toda la vida como para alguien que quiere variar por una noche, poner sobre la mesa platos vegetarianos no es tan simple como limitarse a prescindir de la carne. Como bien saben los que la practican, la cocina vegetariana es mucho más que una tortilla o un risotto con champiñones.

Por eso hemos escogido nuestras recetas favoritas de *BBC Good Food Magazine* para este libro conciso pero completo, que contiene esas recetas sencillas y a la vez deliciosas que siempre has querido dominar. Creemos que te resultará de gran ayuda en cualquier ocasión con sus ideas para preparar tentempiés ligeros, platos principales y postres, además de los platos más difíciles de realizar, los que no llevan productos lácteos.

Todas las recetas han sido probadas en la cocina de *Good Food*, lo que te garantiza el éxito en cada ocasión. También resultan equilibradas y van acompañadas de información nutricional para que puedas controlar su contenido de calorías, grasas y sal.

Como siempre, nuestras recetas aprovechan las verduras de temporada y hacen buen uso de las congeladas y en conserva, lo que te ayudará a alcanzar las cinco raciones de fruta y verdura recomendadas al día. Así, no solo sorprenderás a tus familiares y amigos con comidas fabulosas, como el *Nasi goreng picante* que aparece en la página anterior (véase receta en la página 116), sino que además les estarás ofreciendo alimentos sanos y equilibrados.

Orlando Murrin

Editor de *BBC Good Food Magazine*

Tablas de conversión

NOTA PREVIA

• Los huevos utilizados serán de medida grande (L), a menos que se indique lo contrario.

• Lavar todos los alimentos frescos antes de prepararlos.

• Las recetas incluyen un análisis nutricional del «azúcar», que se refiere al contenido total de azúcar, incluso todos los azúcares naturales presentes en los ingredientes, excepto que se especifique otra cosa.

TEMPERATURA DEL HORNO

Gas	°C	°C convección	Temperatura
¼	110	90	Muy fría
½	120	100	Muy fría
1	140	120	Fría o suave
2	150	130	Fría o suave
3	160	140	Tibia
4	180	160	Moderada
5	190	170	Moderada caliente
6	200	180	Bastante caliente
7	220	200	Caliente
8	230	210	Muy caliente
9	240	220	Muy caliente

MEDIDAS DE LAS CUCHARADAS

Las cucharadas son rasas, salvo indicación contraria.

• 1 cucharadita = 5 ml
• 1 cucharada = 15 ml

RECETAS

Una sopa homogénea y aterciopelada, de color intenso
y sabor suave.

Sopa de espinacas, salvia y patatas

50 g de mantequilla
2 cebollas rojas picadas
3 dientes de ajo machacados
15 g de salvia fresca cortada en tiras
    más un poco para decorar
2 patatas grandes (unos 500 g)
    cortadas en dados
1½ litro de caldo vegetal
250 g de espinacas tiernas
4 cucharadas de nata para servir
    (opcional)

40 minutos • 4 raciones

1 Fundir la mantequilla en una cazuela amplia
y freír las cebollas durante 5-6 minutos a fuego
lento hasta que se ablanden un poco. Añadir el
ajo, la salvia y las patatas, tapar y sofreír a fuego
muy lento durante 10 minutos.
2 Incorporar el caldo, llevar a ebullición y
cocer durante 5 minutos. Añadir las espinacas
y cocer durante 2 minutos. Trasladar la mezcla
a un robot de cocina o batidora, y batir hasta
que quede homogénea (puede que haya que
hacerlo en varias veces).
3 Devolver a la cazuela y calentar a fuego
suave. Salpimentar al gusto y servir con una
cucharada de nata, si se utiliza, decorada con la
salvia sobrante.

• Cada ración contiene: 265 kcal, 7 g de proteínas,
28 g de carbohidratos, 14 g de grasas, 9 g de grasas
saturadas, 4 g de fibra, 0 g de azúcar añadido,
1,67 g de sal.

Escoge el apio nabo menos nudoso
para aprovecharlo mejor.

Sopa de apio nabo y queso azul

25 g de mantequilla
1 cebolla mediana picada
750 g de apio nabo, pelado y cortado
   en trozos de 2 cm
1 patata grande picada
2 cucharadas de hojas de salvia
   picadas
600 ml de caldo de verdura
300 ml de nata
225 g de queso azul (por ejemplo,
   stilton o dolcelatte) cortado en
   dados
cebollino fresco y unas hojas de salvia
   fritas para decorar (opcional)

35 minutos • 4 raciones

1 Fundir la mantequilla en una cazuela
y freír con suavidad las verduras y la salvia
durante 5 minutos. Incorporar el caldo y llevar
a ebullición. Tapar y cocer a fuego lento durante
15 minutos hasta que las verduras estén tiernas.
2 Trasladar la mezcla a un robot de cocina
y batir hasta que quede homogénea (puede que
tengas que hacerlo en varias veces). Devolver la
sopa a la cazuela e incorporar la nata y la mitad
del queso azul. Calentar hasta que se funda el
queso, sin dejar que hierva. Salpimentar al
gusto.
3 Repartir la sopa en cuencos individuales
y espolvorearla con el resto del queso azul,
el cebollino y las hojas de salvia fritas, si gustan,
para servir.

• Cada ración contiene: 488 kcal, 17 g de proteínas,
27 g de carbohidratos, 35 g de grasas, 22 g de grasas
saturadas, 9 g de fibra, 0 g de azúcar añadido,
2,78 g de sal.

El arroz continuará absorbiendo el caldo cuando la sopa esté hecha. Si se recalienta la sopa puede que haya que añadir más caldo.

Sopa de col con arroz

1 cucharada de aceite de oliva
1 cebolla picada
2 dientes de ajo machacados
100 g de arroz para risotto
la ralladura y el zumo de 1 limón
1½ litros de caldo de verduras
2 tomates grandes y firmes troceados
250 g de hojas tiernas de col, sin los troncos y cortadas en tiras
120 g de salsa pesto
virutas de queso parmesano para decorar

35 minutos • 4 raciones

1 Calentar el aceite en una cazuela y freír la cebolla y los ajos durante 3-4 minutos hasta que se ablanden. Incorporar el arroz y cocer durante 1 minuto, removiendo de vez en cuando.
2 Añadir la ralladura y el zumo de limón junto con el caldo. Llevar a ebullición y cocer a fuego lento durante 15 minutos.
3 Incorporar los tomates, las hojas de col y el pesto a la sopa. Volver a llevar a ebullición y cocer a fuego lento durante 4-5 minutos hasta que el arroz esté hecho. Salpimentar al gusto y servir la sopa espolvoreada con las virutas de parmesano.

• Cada ración contiene: 409 kcal, 12 g de proteínas, 33 g de carbohidratos, 26 g de grasas, 5 g de grasas saturadas, 3 g de fibra, 0 g de azúcar añadido, 1,93 g de sal.

Si no puedes comprar hierba limón fresca, algunos supermercados la venden molida en frasco. Utiliza una cucharadita.

Sopa picante de maíz

1 mazorca de maíz
1 cucharada de aceite vegetal
1 guindilla roja, sin semillas y en rodajas
1 escalonia muy picada
2 tallos de hierba limón tostados
3 puerros pequeños o cebollas tiernas en rodajas
1 pimiento rojo sin semillas y en rodajas finas
400 ml de leche de coco en conserva
850 ml de caldo vegetal
2 hojas de lima kaffir (opcional)
175 g de fideos finos al huevo
el zumo de 1 lima
1 manojito de cilantro picado grueso

35 minutos • 4 raciones

1 Sostener la mazorca de maíz en posición vertical sobre una tabla y, con un cuchillo afilado, cortar hacia abajo para desprender los granos de maíz de la mazorca. Calentar el aceite en una cazuela amplia, añadir el maíz, la guindilla, la escalonia, la hierba limón, los puerros o cebolletas y el pimiento rojo, y freír 3-4 minutos, removiendo de vez en cuando.
2 Echar la leche de coco, el caldo y las hojas de lima, si se utilizan. Llevar a ebullición y luego tapar. Bajar el fuego y cocer a fuego suave durante 15 minutos. Quitar los tallos de hierba limón. Añadir los fideos y cocer 4 minutos hasta que estén hechos.
3 Retirar del fuego e incorporar el zumo de lima y el cilantro. Sazonar si es necesario y servir enseguida.

• Cada ración contiene: 545 kcal, 11 g de proteínas, 41 g de carbohidratos, 39 g de grasas, 27 g de grasas saturadas, 9 g de fibra, 0 g de azúcar añadido, 0,97 g de sal.

El azafrán aporta un toque de color y sabor a una sencilla
sopa de puerros, adornada con aros crujientes de puerro por encima.

Sopa de puerros con azafrán

4 puerros medianos
50 g de mantequilla
1 cucharada de aceite de oliva
1 pizca de azafrán
2 cucharadas de harina de trigo
1,2 litros de caldo de verduras
aceite para freír
1 cucharada de harina de maíz
1 clara de huevo poco batida
2 cebollas tiernas cortadas en rodajas
   diagonales

35 minutos • 4 raciones

1 Cortar un trozo de puerro de 7,5 cm en rodajas. Separarlo en aros y reservarlo. Picar el resto de los puerros. Calentar la mantequilla y el aceite en una cazuela y cocer los puerros durante 1 minuto, removiendo. Echar el azafrán y la harina de trigo, y luego incorporar el caldo. Llevar a ebullición y cocer a fuego bajo 10 minutos hasta que espese, removiendo con frecuencia.

2 Sacar del fuego y batir con la batidora eléctrica hasta que quede una crema. Salpimentar y calentar a fuego suave.

3 Mientras tanto, calentar un poco de aceite en una sartén. Enharinar los aros de puerro con la harina de maíz y sumergirlos en la clara de huevo. Freír los aros de puerro hasta que estén crujientes y dorados. Escurrir y servir repartidos sobre la sopa junto con la cebolla tierna.

• Cada ración contiene: 219 kcal, 4 g de proteínas, 12 g de carbohidratos, 17 g de grasas, 7 g de grasas saturadas, 2 g de fibra, 0 g de azúcar añadido, 1,34 g de sal.

El sabor de los tomates y el vino blanco combina muy bien
con el apio en esta ensalada tibia.

Ensalada de apio y alubias blancas

50 g de mantequilla
1½ apios cortados en diagonal
1 cucharada de romero fresco picado
150 ml de vino blanco seco
150 ml de caldo de verduras
1 pizca de azafrán
450 g de tomates sin piel ni semillas,
   cortados en trozos
la ralladura y el zumo de ½ limón
400 g de alubias pochas o de gancho
   cocidas
50 g de aceitunas negras deshuesadas
1 puñado de perejil picado grueso
pan crujiente para acompañar

40 minutos • 4 raciones

1 Fundir la mantequilla en una cazuela y añadir el apio y el romero. Tapar y cocer despacio durante 10 minutos, hasta que el apio esté blando pero no tostado.
2 Incorporar el vino, el caldo y el azafrán. Llevar a ebullición y hervir 8-10 minutos, hasta que el líquido se reduzca a la mitad.
3 Incorporar los tomates, la ralladura y el zumo del limón y las alubias. Llevar a ebullición y cocer a fuego suave 5 minutos. Incorporar las aceitunas y salpimentar al gusto. Dejar que se enfríe un poco. Espolvorear con perejil y servir con pan crujiente.

• Cada ración contiene: 262 kcal, 9 g de proteínas, 23 g de carbohidratos, 13 g de grasas, 7 g de grasas saturadas, 9 g de fibra, 0 g de azúcar añadido, 2,32 g de sal.

El sabor fuerte de los kumquats contrasta con los sabores terrosos de las setas y la suave cebolla roja.

Ensalada caliente de setas y kumquats

5 cucharadas de aceite de oliva
250 g de setas variadas (champiñones, shiitake, setas de chopo, etc.) cortadas en láminas
1 cebolla roja en rodajas
50 g de kumquats cortados en rodajas
una pizca de copos de guindilla
50 g de pan blanco sin corteza y cortado en cubitos
100 g de rúcula
1 cucharada de vinagre de vino blanco

30 minutos • 2 raciones (fáciles de duplicar)

1 Calentar una cucharada de aceite en una sartén y freír las setas durante 2-3 minutos. Incorporar la cebolla y los kumquats y freír 2-3 minutos más. Reservar y mantener caliente.
2 Mezclar los copos de guindilla, los cubitos de pan y una cucharada de aceite. Salpimentar bien. Calentar una cucharada de aceite en la sartén y freír la mezcla de pan hasta que esté crujiente y dorada. Repartir la rúcula en los platos y cubrir con la mezcla de setas y kumquats, y los picatostes con guindilla.
3 Batir el resto del aceite con el vinagre, salpimentar y aliñar la ensalada. Servir enseguida.

• Cada ración contiene: 488 kcal, 6 g de proteínas, 19 g de carbohidratos, 39 g de grasas, 6 g de grasas saturadas, 4 g de fibra, 0 g de azúcar añadido, 0,46 g de sal.

Si lo prefieres, utiliza un queso menos salado en lugar de feta.

Ensalada de dos quesos con picatostes

2 rebanadas gruesas de pan blanco
   sin corteza
1 cucharadita de pimentón
2 cucharadas de aceite de oliva
1 diente de ajo machacado
1 lechuga romana grande
2 aguacates maduros
2 cucharadas de zumo de limón
1 calabacín grande cortado en cintas
150 g de queso feta desmigado
25 g de queso parmesano rallado
6 cucharadas de aliño de aceite de
   oliva (preparado)

30 minutos • 4 raciones

1 Precalentar el horno a 220 °C. Cortar el pan en cubitos de 2 cm. Pasar por el pimentón, el aceite de oliva y el ajo y extenderlo sobre una hoja de papel de horno. Hornear 7-8 minutos, hasta que esté crujiente.
2 Cortar la lechuga en trozos grandes. Pelar y cortar en rodajas los aguacates y aliñarlos con zumo de limón y pimienta negra recién molida.
3 Mezclar la lechuga, el calabacín, el feta u otro queso y los picatostes. Poner en un cuenco grande de ensalada con el aguacate y echar el queso parmesano por encima. Antes de servir la ensalada, rociarla con el aliño de aceite de oliva.

• Cada ración contiene: 453 kcal, 12 g de proteínas, 12 g de carbohidratos, 40 g de grasas, 10 g de grasas saturadas, 4 g de fibra, 0 g de azúcar añadido, 1,92 g de sal.

Una ensalada de sabor fresco hecha con verduras estivales,
queso y menta.

Ensalada inglesa de la huerta

500 g de patatas nuevas cortadas
en rodajas gruesas
350 g de judías verdes troceadas
1 manojo de cebollas tiernas picadas
250 g de tomates secados al sol
en conserva, escurridos
250 g de queso manchego
1 manojo de menta fresca
4 o 5 cucharadas de aliño de miel
y mostaza (preparado)

30 minutos • 4 raciones

1 Cocer las patatas en agua hirviendo con sal durante 7 minutos. Echar las judías en la cazuela y cocer durante 7-9 minutos más, hasta que estén en su punto tanto las patatas como las judías.
2 Escurrir las verduras y aclararlas bajo un chorro de agua fría para que dejen de cocer. Sacudir el colador para eliminar toda el agua posible y luego vaciarlo en un cuenco grande. Añadir las cebollas y los tomates, desmenuzar el queso y mezclar bien.
3 Añadir la mayor parte de las hojas de menta y el aliño y mezclarlo todo. Echar en una fuente de servir, rociar con un poco más de aliño y esparcir por encima el resto de la menta.

• Cada ración contiene: 427 kcal, 18 g de proteínas, 29 g de carbohidratos, 27 g de grasas, 11 g de grasas saturadas, 6 g de fibra, 0 g de azúcar añadido, 2,39 g de sal.

Buscar frascos de queso feta en aceite en la sección de quesos del supermercado. Utilizar el aceite para el aliño.

Ensalada de queso feta y melocotón a la plancha

el zumo de 1 lima
4 melocotones maduros troceados
200 g de ensaladas variadas
300 g de feta en aceite
1 cebolla roja cortada en rodajas
2 cucharadas de menta fresca picada

10 minutos • 4 raciones

1 Poner al fuego una sartén con el fondo ondulado hasta que esté muy caliente. Rociar los melocotones con el zumo de lima y ponerlos en la sartén. Asarlos durante 2-3 minutos, dándoles la vuelta, hasta que tengan unas bonitas marcas tostadas.

2 En una ensaladera grande, mezclar las hojas de ensalada, el feta, dos cucharadas de aceite del feta, la cebolla roja y la menta picada. Sazonar bien.

3 Repartir en los platos y echar por encima los melocotones tostados. Espolvorear con pimienta negra y servir.

• Cada ración contiene: 272 kcal, 11 g de proteínas, 11 g de carbohidratos, 21 g de grasas, 9 g de grasas saturadas, 2 g de fibra, 0 g de azúcar añadido, 2,32 g de sal.

Elegir un queso de cabra pequeño y suave. La corteza es comestible, pero se desechan los extremos para formar cuatro lonchas iguales.

Ensalada de queso de cabra

100 g de queso de cabra suave
1 panecillo ovalado cortado en
   4 rebanadas, sin los extremos
4 cucharaditas de aceite de oliva
1 cucharadita de zumo de limón
   o vinagre de vino blanco
½ cucharadita de mostaza de Dijon
1 diente de ajo picado
1 manojo de ensaladas variadas

10 minutos • 1 ración (fácil de multiplicar)

1 Precalentar el gratinador a temperatura alta. Cortar el queso en cuatro lonchas. Tostar las rebanadas de pan por ambos lados y colocar el queso encima.
2 Espolvorear con pimienta negra y un poco de aceite de oliva y gratinar durante 2-3 minutos.
3 Mientras, mezclar el resto del aceite de oliva con el zumo de limón o vinagre, la mostaza y el ajo. Sazonar y luego aliñar con la mezcla las hojas de ensalada. Colocar en una fuente y poner encima las tostadas con queso.

• Cada ración contiene: 509 kcal, 19 g de proteínas, 16 g de carbohidratos, 42 g de grasas, 15 g de grasas saturadas, 1 g de fibra, 0 g de azúcar añadido, 1,84 g de sal.

Utilizar auténtico feta griego para obtener el mejor sabor.
Sin abrir, se conserva unos seis meses en la nevera
merece la pena tenerlo siempre a mano.

Ensalada de queso feta y alubias pochas

100 g de hojas tiernas de espinacas
300 g de tomates grandes de ensalada
    cortados en trozos
400 g de alubias pochas o de gancho
    en conserva, escurridas y aclaradas
1 cebolla roja pequeña muy picada
200 g de feta
pan crujiente para acompañar

PARA EL ALIÑO
1 diente de ajo muy picado
1 cucharada de zumo de limón
1 cucharadita de miel clara
3 cucharadas de aceite de oliva

10-20 minutos • 4 raciones

1 Cubrir una fuente o un plato llano grande
con las hojas de espinacas. Colocar los trozos
de tomate sobre las espinacas, seguidos de
las alubias y la cebolla roja.
2 Escurrir el líquido del envase de feta
y desmenuzar el queso sobre las verduras.
3 Echar los ingredientes del aliño en un cuenco
pequeño, salpimentar y batir con un tenedor
hasta que la mezcla espese un poco. Verter
el aliño sobre la ensalada y servirla con pan
crujiente.

• Cada ración contiene: 515 kcal, 31 g de proteínas,
56 g de carbohidratos, 20 g de grasas, 8 g de grasas
saturadas, 19 g de fibra, 1 g de azúcar añadido,
2,05 g de sal.

La tradicional mezcla de tomates, aceitunas y queso feta
resulta más sustanciosa si se le añade pasta.

Ensalada griega de pasta

300 g de fusilli (espirales), farfalle o
   penne
250 g de hojas tiernas de espinacas
250 g de tomates cherry cortados
   por la mitad
100 g de aceitunas negras
225 g de feta cortado en trozos
   irregulares
3 cucharadas de aceite de oliva
pan crujiente para servir

30 minutos • 4 raciones

1 Echar la pasta en una cazuela grande
de agua hirviendo con sal y dejarla 10 minutos.
Añadir las espinacas, remover y hervir 2 minutos
más. Escurrir bien.

2 Echar los tomates, las aceitunas y el feta en
un cuenco grande, espolvorear con abundante
pimienta negra recién molida y luego rociar con
el aceite de oliva.

3 Incorporar la pasta y las espinacas escurridas
y servir con pan crujiente.

• Cada ración contiene: 418 kcal, 18 g de proteínas,
37 g de carbohidratos, 23 g de grasas, 8 g de grasas
saturadas, 5 g de fibra, 0 g de azúcar añadido,
3,48 g de sal.

El tzatziki es una ensalada griega de yogur y pepino
que suele comerse con pan de pita.

Sándwich de remolacha y tzatziki

una nuez de mantequilla blanda
2 rebanadas gruesas de pan
  con semillas
3 cucharadas de yogur griego
un trozo de pepino de 4 cm rallado
  y escurrido
2 cucharadas de menta fresca picada
  y unas hojas más para decorar
1 puñado de hojas de lechuga
  variadas
1 remolacha pequeña cocida, cortada
  en rodajas

10 minutos • 1 ración (fácil de duplicar)

1 Extender la mantequilla por un lado de cada
rebanada de pan.
2 Para hacer el tzatziki, mezclar el yogur griego,
el pepino rallado y la menta picada en un
cuenco pequeño. Salpimentar bien.
3 Colocar un puñado de hojas variadas
para ensaladas sobre cada rebanada de pan.
Disponer las rodajas de remolacha encima de
las ensaladas y añadir con una cuchara el
tzatziki de pepino. Espolvorear con las hojas de
menta restantes.

• Cada ración contiene: 433 kcal, 13 g de proteínas,
60 g de carbohidratos, 18 g de grasas, 11 g de grasas
saturadas, 2 g de fibra, 0 g de azúcar añadido,
1,63 g de sal.

Se utilizan las tortitas como bases de pizza instantáneas.
Si se tiene a mano, utilizar pesto en vez de salsa para pizzas.

Minipizzas

1 calabacín muy pequeño
1 tortita para tostar
2 cucharadas de salsa para pizza
    preparada o tomate frito
2 tomates secados al sol cortados
    en láminas finas
50 g de feta cortado en cubos
1 cucharadita de orégano fresco
2 cucharaditas de aceite de oliva

15 minutos • 1 ración (fácil de duplicar)

1 Precalentar el gratinador a temperatura media. Con un pelapatatas, cortar el calabacín en tiras finas a lo largo.

2 Partir la tortita por la mitad. Untar las mitades cortadas con la salsa para pizza o el tomate frito y tostarlas durante 1-2 minutos hasta que estén calientes.

3 Disponer el calabacín sobre las mitades tostadas. Cubrir con los tomates secados al sol, el feta y el orégano. Salpimentar. Rociar con el aceite de oliva y gratinar durante 2 minutos.

• Cada ración contiene: 448 kcal, 15 g de proteínas, 39 g de carbohidratos, 27 g de grasas, 9 g de grasas saturadas, 3 g de fibra, 1 g de azúcar añadido, 1,81 g de sal.

Gratinar el queso halloumi hasta que se dore y comerlo enseguida,
ya que al enfriarse se vuelve correoso.

Pita de halloumi y tomate

2 hojas de lechuga romana cortadas
en tiras
1 tomate pera cortado en rodajas
1 cebolla dulce cortada en aros finos
1 ramita de menta fresca picada
1 cucharadita de aceite de oliva
3 lonchas gruesas de halloumi
1 pan de pita

10 minutos • 1 ración (fácil de duplicar)

1 Precalentar el gratinador a temperatura alta.
Poner la lechuga, las rodajas de tomate, los aros
de cebolla y la menta en un cuenco, aliñarlo
todo con el aceite de oliva y salpimentar.
2 Colocar las lonchas de halloumi sobre una
hoja de papel de horno y gratinar durante unos
2 minutos hasta que se doren. A continuación
darles la vuelta y gratinar durante un minuto más.
3 Gratinar el pan de pita durante unos
segundos por cada lado hasta que se abra.
Meter el queso y la ensalada dentro de la pita
y comer enseguida.

• Cada ración contiene: 375 kcal, 16 g de proteínas,
46 g de carbohidratos, 15 g de grasas, 7 g de grasas
saturadas, 3 g de fibra, 0 g de azúcar añadido,
1,45 g de sal.

Convierte unas vulgares rebanadas de pan blanco en crujientes tostadas de ajo para preparar estos bocadillos tibios.

Bocadillos crujientes de ricotta

8 rebanadas de pan de molde blanco
sin corteza
50 g de mantequilla de ajo fundida
3 cucharadas de aceite de oliva
1 pimiento rojo y 1 amarillo, sin
semillas y cortados en trozos
225 g de col rizada troceada
225 g de tomates cherry cortados
por la mitad
1 cucharada de vinagre de vino blanco
500 g de ricotta
1 puñado de albahaca, más albahaca
fresca para servir

20 minutos • 4 raciones

1 Precalentar el horno a 200 °C. Estirar con el rodillo cada rebanada de pan hasta que se aplane. Colocar las rebanadas sobre hojas de papel de horno y untarlas con la mantequilla de ajo. Hornearlas durante 10 minutos hasta que estén crujientes.

2 Calentar dos cucharadas de aceite en una cazuela, añadir los pimientos y cocerlos hasta que se tuesten un poco. Añadir la col rizada y cocer durante 2-3 minutos. Retirar del fuego y añadir los tomates y el vinagre, y sazonar. Mezclar el queso ricotta y la albahaca.

3 Untar cuatro de las rebanadas de pan con la mezcla de ricotta. Cubrir con las verduras y colocar otra rebanada de pan encima. Rociar con el resto del aceite de oliva y decorar con la albahaca fresca.

• Cada ración contiene: 385 kcal, 10 g de proteínas, 21 g de carbohidratos, 30 g de grasas, 13 g de grasas saturadas, 4 g de fibra, 0,2 g de azúcar añadido, 0,7 g de sal.

Si no se encuentra brócoli de brotes morados,
utilizar brócoli verde cortado en floretes finos.

Tostadas con brócoli
y huevos escalfados

225 g de brócoli de brotes morados
1 chapata
1 diente de ajo cortado por la mitad
2 cucharadas de aceite de oliva
1 cucharada de mostaza de Dijon
6 chalotas cortadas por la mitad
   a lo largo
4 huevos

25 minutos • 4 raciones

1 Cortar el brócoli en láminas y escaldarlo 1 minuto en agua hirviendo. Escurrir y refrescar con agua fría. Secar sobre papel de cocina. Calentar una sartén plana u ondulada.
2 Abrir la chapata y cortar cada parte por la mitad. Frotar con el ajo y untar con la mitad del aceite. Asar la chapata en la sartén 1-2 minutos por cada lado hasta que se dore. Untar con la mostaza y mantener caliente. Freír las chalotas en la sartén con el resto del aceite de oliva, primero con el corte hacia abajo, 2 minutos por cada lado. Mantener caliente.
3 Poner el brócoli en la sartén y freírlo 3-4 minutos, dándole la vuelta con frecuencia. Mientras, escalfar los huevos al gusto en agua hirviendo. Colocar las chalotas y el brócoli sobre la chapata. Cubrir con los huevos y salpimentar.

• Cada ración contiene: 380 kcal, 17 g de proteínas, 47 g de carbohidratos, 15 g de grasas, 3 g de grasas saturadas, 4 g de fibra, 0 g de azúcar añadido, 1,49 g de sal.

Las aceitunas a granel suelen ser de más calidad que las envasadas.
Compra un pan de calidad para acompañarlas.

Paté de aceitunas y ricotta

450 g de ricotta
50 g de queso parmesano rallado
2 claras de huevo ligeramente batidas
200 g de aceitunas verdes marinadas
con limón y menta
200 g de aceitunas negras
deshuesadas
4 tomates secados al sol picados
2 ramitas de romero fresco, solo las
hojas
pan y tomates asados para servir

40 minutos • 6 raciones

1 Precalentar el horno a 200 °C. Untar con aceite un molde para sándwiches de 20 cm. En un cuenco grande, batir la ricotta, el parmesano, las claras de huevo y salpimentar.
2 Disponer la mezcla en el molde y nivelar la superficie con el dorso de una cuchara húmeda. Apretar contra la superficie las aceitunas, los tomates secos y el romero, y hornear 25-30 minutos hasta que la preparación quede firme.
3 Darle la vuelta y retirar el papel. Servir en triángulos con pan y tomates asados.

• Cada ración contiene: 227 kcal, 12 g de proteínas, 3 g de carbohidratos, 19 g de grasas, 8 g de grasas saturadas, 2 g de fibra, 0 g de azúcar añadido, 4,07 g de sal.

Esta mezcla resulta maravillosamente cremosa;
aun así, destacan los sabores frescos de las verduras.

Verduras de primavera con menta

25 g de mantequilla
1 cucharada de aceite de oliva
225 g de cebollitas
200 ml de vino blanco seco
2 puerros medianos cortados por
    la mitad y luego en tiras de 5 cm
350 g de guisantes congelados
3 cogollos de lechuga cortados
    en cuartos a lo largo
200 ml de nata
2 cucharadas de menta fresca picada
2 cucharadas de perejil picado
bulgur o cuscús para servir

35 minutos • 4 raciones

1 Calentar la mantequilla y el aceite de oliva
en una sartén grande antiadherente hasta
que formen un poco de espuma. Añadir las
cebollitas y sofreír durante 8 minutos. Añadir
el vino y los puerros y llevar a ebullición. Cocer
a fuego lento 5 minutos hasta que estén tiernos
los puerros.
2 Añadir los guisantes y cocerlos a fuego bajo
durante 5 minutos más. Echar la lechuga
y cocerla suavemente durante otros 3 minutos.
3 Incorporar la nata y las hierbas. Salpimentar
bien y calentar ligeramente durante 2-3 minutos.
Servir con cuchara sobre bulgur caliente
remojado o cuscús cocido al vapor.

• Cada ración contiene: 321 kcal, 9 g de proteínas,
18 g de carbohidratos, 20 g de grasas, 10 g de grasas
saturadas, 8 g de fibra, 0 g de azúcar añadido,
0,23 g de sal.

Aunque parezca extraño, si se retira la sartén del fuego antes de añadir los ingredientes de la ensalada, esta tendrá un sabor deliciosamente fresco.

Ensalada salteada con almendras

3 cucharadas de aceite de oliva
100 g de almendras escaldadas
1 manojo de cebolletas en rodajas
1 pepino pequeño sin semillas, en
   rodajas
3 ramas de apio, en bastoncillos
250 g de tomates pequeños cortados
   en cuartos
2 cogollos de lechuga troceados
25 g de berros
25 g de cilantro fresco
el zumo de ½ limón
½ cucharadita de azúcar
pan crujiente o arroz hervido
   para acompañar

15 minutos • 4 raciones

1 Calentar dos cucharadas de aceite en una sartén o wok y freír las almendras durante 2-3 minutos hasta que se doren. Escurrir sobre papel de cocina y luego picar.
2 Añadir el resto del aceite en la sartén y cuando esté caliente echar las cebolletas, el pepino, el apio y los tomates y saltear 2 minutos. Retirar del fuego, echar los demás ingredientes y mezclar. Salpimentar.
3 Disponer la ensalada tibia en los platos y espolvorear las almendras. Verter el contenido de la sartén por encima y servir con pan crujiente o arroz hervido, si gusta.

• Cada ración contiene: 247 kcal, 6 g de proteínas, 6 g de carbohidratos, 22 g de grasas, 2 g de grasas saturadas, 3 g de fibra, 1 g de azúcar añadido, 0,09 g de sal.

Los blinis pueden ser excelentes bases para canapés
y entrantes. Son muy buenos también con queso cremoso de hierbas,
tomates y rúcula.

Blinis con verduras

225 g de puntas de espárragos
100 g de tirabeques
150 g de floretes de brócoli
250 g de *crème fraîche*
1½ cucharadas de pesto
un puñado de albahaca fresca cortada
8 blinis grandes preparados (de unos
   10 cm de diámetro)
150 g de tomates semisecos en
   conserva, escurridos

20 minutos • 4 raciones

1 Precalentar el horno a 180 °C. Llevar a ebullición una cazuela grande de agua con sal. Añadir los espárragos, los tirabeques y el brócoli y cocer durante 2 minutos hasta que estén en su punto. Escurrir y reservar. Mezclar la nata, el pesto y la mitad de la albahaca. Salpimentar al gusto.

2 Colocar cuatro blinis en una fuente grande para horno. Cubrir con las verduras y los tomates y disponer encima la mezcla de nata con una cuchara .

3 Cortar por la mitad el resto de los blinis y colocarlos encima de las verduras. Hornear durante 8 minutos hasta que estén bien calientes.

• Cada ración contiene: 372 kcal, 10 g de proteínas, 20 g de carbohidratos, 28 g de grasas, 13 g de grasas saturadas, 4 g de fibra, 0 g de azúcar añadido, 0,43 g de sal.

Parece muy exótico, pero las verduras salteadas
con el coco y el curry al estilo tai resultan una sabrosa comida.

Sopa tailandesa de verduras con coco

1 cucharada de aceite vegetal
25 g de jengibre fresco pelado
    y cortado en rodajas
2 dientes de ajo fileteados
2 tallos de hierba limón tostados
3 o 4 chiles rojos tostados
4 hojas de lima kaffir tostadas
400 ml de leche de coco
200 ml de crema de coco
500 g de verduras variadas
    para salteados
albahaca fresca y hojas de cilantro
    para decorar

30 minutos • 3 raciones

1 Calentar el aceite en una sartén o wok
y saltear el jengibre, el ajo, la hierba limón y
los chiles durante 30 segundos.
2 Incorporar las hojas de lima en la sartén
y verter por encima tanto la leche como la crema
de coco. Llevar a ebullición, tapar y cocer a
fuego suave durante unos 15 minutos,
removiendo de vez en cuando.
3 Añadir las verduras y llevar de nuevo a
ebullición. Cocer a fuego lento durante 2-3
minutos, removiendo con frecuencia, hasta que
las verduras estén en su punto. Repartir la sopa
en cuencos y servirla adornada con la albahaca
fresca y el cilantro.

• Cada ración contiene: 917 kcal, 11 g de proteínas,
20 g de carbohidratos, 80 g de grasas, 72 g de grasas
saturadas, 18 g de fibra, 1 g de azúcar añadido,
0,18 g de sal.

El curry puede resultar engañosamente alto en grasas.
Esta versión está llena de sabor y solo tiene 5 g de grasa por ración.

Rollitos chapati de verduras picantes

300 g de boniatos pelados y cortados
   en cubos
400 g de tomates pera en conserva
400 g de garbanzos cocidos
½ cucharadita de copos de guindilla
2 cucharadas de pasta de curry suave
100 g de hojas de espinaca tiernas
2 cucharadas de cilantro fresco picado
4 chapatis (pan indio plano)
4 cucharadas de yogur griego
   desnatado

25 minutos • 4 raciones

1 Hervir los boniatos en agua con sal 10-12 minutos hasta que estén tiernos. Mientras tanto, poner los tomates, los garbanzos, los copos de guindilla y la pasta de curry en otra cazuela y cocer a fuego suave durante unos 5 minutos, removiendo sin cesar.

2 Precalentar el gratinador. Escurrir los boniatos y añadirlos a la mezcla de tomate. Incorporar las espinacas y cocer durante 1 minuto hasta que empiecen a ablandarse. Añadir el cilantro, salpimentar al gusto y mantener caliente.

3 Rociar los chapatis con un poco de agua y dorar 20-30 segundos por cada lado. Disponer encima el relleno con una cuchara, cubrir con yogur y doblar por la mitad para servir.

• Cada ración contiene: 289 kcal, 12 g de proteínas, 54 g de carbohidratos, 5 g de grasas, 0 g de grasas saturadas, 5 g de fibra, 0 g de azúcar añadido, 1,08 g de sal.

Un sencillo rösti de patatas resulta exquisito con cebollas y huevo frito.

Rösti con huevo y cebollas

4 cucharadas de aceite de oliva
½ cebolla roja o blanca cortada en
   rodajas finas
50 g de patata rallada
1 cucharadita de mostaza de Dijon
1 huevo
2 tomates cortados en rodajas
unas gotas de vinagre balsámico

15 minutos • 1 ración (fácil de duplicar)

1 Calentar la mitad del aceite en una sartén antiadherente. Freír la mitad de la cebolla hasta que esté crujiente. Escurrirla y reservarla. A continuación mezclar la patata con el resto de la cebolla, la mostaza, sal y pimienta.
2 Añadir el resto del aceite en la sartén, echar la mezcla de patata y formar un círculo de 12 cm de diámetro. Freír durante 8-10 minutos hasta que esté dorado, dándole la vuelta varias veces. Freír el huevo al lado del rosti.
3 Disponer los tomates en un plato y rociar con el vinagre balsámico. Servir el rösti sobre los tomates con el huevo y la cebolla crujiente por encima.

• Cada ración contiene: 335 kcal, 9 g de proteínas, 16 g de carbohidratos, 27 g de grasas, 4 g de grasas saturadas, 3 g de fibra, 0 g de azúcar añadido, 0,53 g de sal.

La olivada es un puré espeso de aceitunas, alcaparras, ajo
y aceite de oliva (también puede llevar anchoas).

Soufflé de tortilla de aguacate

3 huevos con las claras y las yemas
    separadas
1 cucharada de leche
2 cucharadas de perejil picado
2 cucharaditas de aceite de oliva
2 cucharadas de olivada vegetariana
    de aceitunas negras
1 aguacate pequeño cortado por
    la mitad, deshuesado y cortado
    en rodajas
el zumo de ½ limón
ensalada de tomate para acompañar
    (opcional)

10 minutos • 4 raciones

1 Batir las claras de huevo en un cuenco
grande y montarlas hasta que formen picos
blandos. Poner las yemas en otro cuenco con
la leche y el perejil. Salpimentar y batir. Añadir la
cuarta parte de las claras a las yemas y mezclar
despacio. Incorporar el resto de las claras.
2 Precalentar el gratinador a temperatura alta.
Calentar el aceite en una sartén antiadherente
de 20 cm. Añadir la mezcla de huevo y cocer
durante 2-3 minutos hasta que cuaje un poco.
Poner la mezcla a gratinar 1-2 minutos.
3 Poner la olivada sobre una mitad de la tortilla.
Cubrir con el aguacate y rociar con el zumo de
limón. Doblar por encima la otra mitad y servir en
una fuente con ensalada de tomate, si gusta.

• Cada ración contiene: 717 kcal, 21 g de proteínas,
21 g de carbohidratos, 70 g de grasas, 12 g de grasas
saturadas, 4 g de fibra, 0 g de azúcar añadido,
2,39 g de sal.

Como el nombre indica, no hay masa, solo trozos grandes
de verdura con huevo cuajado.

Quiche de verduras sin masa

1 cucharada de aceite vegetal
1 pimiento amarillo y 1 anaranjado,
    sin semillas y cortados en cuartos
2 calabacines cortados en trozos
    grandes
2 cebollas rojas grandes cortadas
    en trozos
4 huevos batidos
100 ml de leche
2 cucharadas de salsa pesto fresca
ensalada verde para acompañar

40 minutos • 4 raciones

1 Precalentar el horno a 200 °C. Calentar el
aceite en un wok o una sartén grande y saltear
los pimientos, los calabacines y las cebollas
a fuego vivo durante 2-3 minutos.
2 Trasladar las verduras a una fuente de horno
de 2 litros untada con aceite. En un cuenco
grande, mezclar los huevos, la leche, el pesto,
la sal y la pimienta.
3 Echar las verduras por encima y hornear
durante 25 minutos hasta que el centro
de la quiche quede firme al tacto. Servir tibia
con una ensalada verde crujiente.

• Cada ración contiene: 211 kcal, 9 g de proteínas,
10 g de carbohidratos, 15 g de grasas, 3 g de grasas
saturadas, 2 g de fibra, 0 g de azúcar añadido,
0,36 g de sal.

Una tarta para chuparse los dedos que se conservará
en la nevera hasta tres días.

Tarta de tomate y cebollino

350 g de pasta quebrada
200 ml de nata
2 huevos
2 cucharadas de salsa pesto
6 tomates maduros en rodajas
250 g de tomates cherry cortados
   por la mitad
cebollino fresco cortado
ensalada verde para acompañar

35 minutos • 6 raciones

1 Precalentar el horno a 220 °C. Estirar con
el rodillo la pasta y utilizarla para forrar la base
y los laterales de un molde para brazo de gitano
(de 23 x 33 cm aproximadamente).
2 Mezclar la nata, los huevos y el pesto,
Salpimentar. Verter esta mezcla cremosa sobre
la pasta. Repartir ambas clases de tomate por
encima, luego salpimentar y hornear durante 20
minutos hasta que la tarta esté hecha.
3 Echar por encima un poco de cebollino
y servir la tarta cortada en cuadrados grandes,
tibia o caliente, con una ensalada verde.

• Cada ración contiene: 426 kcal, 7 g de proteínas,
31 g de carbohidratos, 31 g de grasas, 13 g de grasas
saturadas, 2 g de fibra, 0 g de azúcar añadido,
0,58 g de sal.

Este plato no podría ser más sencillo. Solo hay que disponer
los ingredientes en filas ordenadas sobre el hojaldre.

Tarta de tomate y queso brie

250 g de masa de hojaldre
250 g de queso brie
4 o 5 tomates maduros más bien
    grandes
250 g de calabacines
½ cucharadita de orégano

45 minutos • 4 raciones

1 Precalentar el horno a 200 °C. Extender la
masa hasta alcanzar un tamaño de 23 x 30 cm,
ponerla sobre papel de horno mojado y hacer
unos cortes para marcarla a 2,5 cm de los
bordes. Pinchar la base con un tenedor dentro
de las marcas.
2 Cortar el brie en lonchas y los tomates
y calabacines en rodajas finas. Calentar dos
cucharadas de aceite de oliva en una sartén
y freír los calabacines 1-2 minutos hasta que
se ablanden. Añadir el orégano, sal y pimienta.
Freír 1-2 minutos; dejar que se entibie.
3 Disponer a lo ancho cuatro filas superpuestas
de brie, tomates y calabacines. Rociar con el
jugo de la sartén; salpimentar. Hornear 25-30
minutos hasta que la masa se hinche y los
calabacines estén tiernos. Servir la tarta tibia.

• Cada ración contiene: 419 kcal, 15 g de proteínas,
27 g de carbohidratos, 29 g de grasas, 9 g de grasas
saturadas, 2 g de fibra, 0 g de azúcar añadido,
1,41 g de sal.

Las setas grandes se cuecen bajo la capa de pimientos y queso
de cabra fundido hasta que estén firmes y húmedas.

Bruschettas con setas rellenas

4 rebanadas gruesas de pan rústico,
blanco o integral
50 g de mantequilla de ajo o
mantequilla batida con un diente
de ajo picado
4 setas planas grandes
aceite de oliva para rociar
200 g de pimientos rojos asados,
o bien tiras en aceite
150 g de queso de cabra
ensalada variada para acompañar

40 minutos • 2 raciones

1 Precalentar el horno a 190 °C. Untar ambos
lados de cada rebanada de pan con mantequilla
de ajo (no hace falta quitar las cortezas).
Disponer las rebanadas en una capa sobre
papel de horno.
2 Poner una seta encima de cada rebanada
y rociar con un poco de aceite de oliva.
Salpimentar. Escurrir los pimientos, cortarlos
en tiras si es necesario y repartirlos entre
las setas.
3 Cortar el queso de cabra en cuatro lonchas
y poner una loncha encima de cada pila.
Hornear durante 25-30 minutos, hasta que
las setas estén hechas y el queso dorado.
Servir con ensalada variada.

• Cada ración contiene: 679 kcal, 27 g de proteínas,
45 g de carbohidratos, 45 g de grasas, 27 g de grasas
saturadas, 5 g de fibra, 0 g de azúcar añadido,
2,9 g de sal.

Este plato es perfecto para una cena informal
en casa con amigos.

Panecillos con queso y chutney

4 panecillos grandes y crujientes
2 cucharadas de aceite de oliva
4 cucharadas de chutney de tomate
  verde
4 quesos pequeños de cabra
4 ramitas de tomillo
ensalada verde para servir (opcional)

30 minutos • 4 raciones

1 Precalentar el horno a 190 °C. Abrir un hoyo
profundo en la parte superior de cada panecillo.
Sacar la miga del centro y untar el interior con
el aceite. Salpimentar. Colocar sobre una hoja
de papel de horno y hornear durante 5 minutos
hasta que el panecillo quede un poco crujiente.
2 Meter el chutney en los panecillos con una
cuchara. Quitar la corteza de la parte superior
e inferior de cada queso y colocar uno en cada
panecillo. Pinchar por encima una ramita de
tomillo y condimentar con pimienta negra.
3 Envolver los panecillos con papel de aluminio,
dejando el queso sin tapar. Hornear 15-20
minutos, hasta que el queso esté dorado y
burbujee. Quitar el papel de aluminio en los
últimos 5 minutos. Servir con una ensalada
verde, si gusta.

• Cada ración contiene: 399 kcal, 15 g de proteínas,
45 g de carbohidratos, 19 g de grasas, 7 g de grasas
saturadas, 1 g de fibra, 3 g de azúcar añadido,
1,68 g de sal.

Recordar que las setas encogen durante la cocción.
Se pueden utilizar setas medianas y poner más cantidad.

Setas rellenas

4 setas planas muy grandes
2 cucharadas de aceite de oliva

PARA EL RELLENO
3 ramitas de tomillo fresco
4 cucharadas de perejil
100 g de pistachos tostados, sin
    cáscara y picados
100 g de aceitunas negras
    deshuesadas y picadas
la ralladura y el zumo de ½ limón
100 g de miga de pan blanco
150 g de queso feta cortado en dados
pan crujiente para servir
ensalada verde para acompañar
    (opcional)

30 minutos • 4 raciones

1 Precalentar el horno a 200 °C. Retirar los tallos de las setas y picarlos. Untar las setas con un poco de aceite de oliva. Ponerlas en una fuente de horno y salpimentar. Asar durante 10 minutos hasta que empiecen a ablandarse.
2 Mientras tanto, mezclar todos los ingredientes del relleno con los tallos de las setas picados y el resto del aceite de oliva. Salpimentar.
3 Poner el relleno encima de las setas y hornear 5-8 minutos más, hasta que el queso feta empiece a ablandarse. Servir enseguida sobre pan tostado crujiente con una ensalada verde, si gusta.

• Cada ración contiene: 433 kcal, 15 g de proteínas, 24 g de carbohidratos, 31 g de grasas, 8 g de grasas saturadas, 2 g de fibra, 0 g de azúcar añadido, 2,96 g de sal.

La polenta preparada se vende en forma de cilindro ancho o alargado.
No hay que confundirla con la polenta en polvo de cocción rápida.

Polenta estilo pizza

500 g de polenta preparada
½ cucharadita de orégano seco
25 g de queso parmesano recién
   rallado
50 g de queso cheddar rallado
4 cucharadas de aceite de oliva
4 setas planas grandes sin tallo
400 g de tomates maduros picados
1 diente de ajo picado muy fino

55 minutos • 4 raciones

1 Precalentar el horno a 220 ºC. Cortar la
polenta en 12 rodajas de un 1 cm de grosor
y colocarlas en cuatro pilas superpuestas
en una fuente de horno. Espolvorear con
orégano y la mayor parte del queso. Verter
el aceite en un cuenco, salpimentar y echar
sobre las setas. Ponerlas sobre las pilas
de polenta.
2 Echar los tomates y el ajo en el resto
del aceite. Poner los tomates y su jugo, con
una cuchara, dentro y alrededor de las setas
y la polenta, y luego salpimentar.
3 Echar el resto del queso por encima.
Asar durante 30 minutos hasta que los
tomates se ablanden y las setas estén tiernas.
Servir caliente.

• Cada ración contiene: 422 kcal, 14 g de proteínas,
50 g de carbohidratos, 20 g de grasas, 6 g de grasas
saturadas, 3 g de fibra, 0 g de azúcar añadido,
0,42 g de sal.

El queso halloumi puede tostarse en una sartén sin mucho aceite, y se ablanda en lugar de fundirse.

Fritura de verduras con queso halloumi

3 cucharadas de aceite de oliva
250 g de queso halloumi (o queso
    de cabra) cortado en lonchas
2 cebollas medianas cortadas
    en trozos
3 calabacines cortados en rodajas
8 tomates cortados por la mitad
400 g de alubias en conserva
    escurridas

30 minutos • 4 raciones

1 Calentar dos cucharadas de aceite en una fuente de horno o una sartén grande, añadir las lonchas de halloumi y freír hasta que se doren por ambos lados. Sacar, cortar cada loncha en cuartos y reservar. Echar las cebollas y freír durante 5 minutos hasta que se doren.
2 Echar los calabacines y dorarlos. Sacar las cebollas y los calabacines y reservar. Calentar el resto del aceite y freír los tomates hasta que estén blandos y jugosos.
3 Devolver las cebollas, los calabacines y el halloumi a la fuente de horno con las alubias. Calentar bien, mezclándolo todo a fuego suave. Salpimentar y servir.

• Cada ración contiene: 285 kcal, 20 g de proteínas, 29 g de carbohidratos, 22 g de grasas, 9 g de grasas saturadas, 8 g de fibra, 0 g de azúcar añadido, 2,35 g de sal.

Las rodajas de polenta también quedan bien si se asan
en una parrilla eléctrica untada de aceite, dándoles la vuelta
una sola vez hasta que queden tostadas.

Polenta y queso dolcelatte a la parrilla

500 g de polenta preparada cortada
en rodajas gruesas
2 cucharadas de aceite de oliva
3 tomates pera cortados en gajos
150 g de queso dolcelatte cortado
en cubos
6 cucharadas de mermelada de
tomate y pimientos rojos
judías verdes para acompañar

45 minutos • 4 raciones

1 Precalentar el gratinador a temperatura alta.
Poner las rodajas de polenta en la plancha con
aceite de oliva y salpimentar bien. Gratinar
durante 10-15 minutos hasta que la polenta se
tueste un poco. Darle la vuelta, untar con aceite
y gratinar durante 10 minutos más.
2 Disponer la polenta y los gajos de tomate
en una fuente de horno de 2 litros y rociar
con el resto del aceite de oliva. Gratinar
durante 5-10 minutos hasta que se ablanden
los tomates. Cubrir con el dolcelatte. Gratinar
durante 2-3 minutos hasta que se funda.
3 Mientras tanto, poner la mermelada de tomate
en un cazo y calentarla a fuego suave durante 1-2
minutos. Colocar la polenta, el queso dolcelatte y
los tomates en una fuente junto con una cucharada
de mermelada. Servir con judías verdes.

• Cada ración contiene: 523 kcal, 16 g de proteínas,
59 g de carbohidratos, 27 g de grasas, 10 g de grasas
saturadas, 2 g de fibra, 0 g de azúcar añadido,
3,55 g de sal.

El cuscús solo necesita remojo, por lo que es el acompañamiento perfecto para una fritura rápida.

Cuscús con pimientos y queso halloumi

150 g de cuscús
300 g de pimientos variados
en conserva
2 cucharadas de aceite de oliva
1 diente de ajo machacado
150 g de setas variadas cortadas
en láminas
150 g de queso halloumi (o queso
de cabra) cortado en cubos
15 g de hierbas variadas frescas
(orégano, albahaca, perejil)
muy picadas, y un poco más
para decorar

15 minutos • 2 raciones

1 Poner el cuscús en un recipiente poco profundo y verter encima 300 ml de agua hirviendo. Tapar bien con papel film y dejar durante 5 minutos. Mientras tanto, echar los pimientos en un cazo y calentarlos a fuego suave durante 3-4 minutos.
2 Calentar una cucharada de aceite de oliva en una sartén grande y freír el ajo durante 1 minuto. Añadir las setas y freír durante 3-4 minutos hasta que se doren un poco. Reservar. Mientras, echar el resto del aceite de oliva en la sartén y freír el halloumi durante 2 minutos hasta que se dore un poco.
3 Mezclar los pimientos y las hierbas picadas con el cuscús y salpimentar. Servir en platos y echar por encima la fritura de setas y halloumi. Decorar con las hierbas reservadas y servir.

• Cada ración contiene: 695 kcal, 29 g de proteínas, 48 g de carbohidratos, 44 g de grasas, 17 g de grasas saturadas, 4 g de fibra, 0 g de azúcar añadido, 0,94 g de sal.

Una cena sencilla pero completa que se prepara
en un abrir y cerrar de ojos con la ayuda del microondas.

Pudin de pan con queso

25 g de mantequilla entibiada
6 rebanadas de pan blanco
   (mejor si es del día anterior)
4 huevos batidos
100 ml de leche
50 g de queso parmesano rallado
1 cucharada de mostaza de Dijon
25 g de queso cheddar rallado
ensalada de tomate y cebolla tierna
   para acompañar

25 minutos • 4 raciones

1 Untar con mantequilla las rebanadas de pan
por un lado y cortar en triángulos. Disponerlas
en una fuente para microondas de 1,5 litros.
2 En un cuenco, mezclar los huevos, la leche,
el parmesano y la mostaza, y echarlo todo
sobre el pan. Dejar que repose 5 minutos.
Precalentar el gratinador a temperatura alta.
Cocer el pudin en el microondas a potencia
alta durante 5 minutos.
3 Espolvorear con el cheddar y gratinar 2-3
minutos hasta que esté dorado. Servir caliente
con una ensalada de tomate y cebolla tierna.

• Cada ración contiene: 312 kcal, 17 g de proteínas,
20 g de carbohidratos, 19 g de grasas, 9 g de grasas
saturadas, 1 g de fibra, 0 g de azúcar añadido,
1,56 g de sal.

Esta tarta puede estirarse para más comensales si se acompaña
con una gran ensalada variada y pan de ajo.

Tarta de queso stilton y nueces

600 g de cebollas
1 cucharada de vinagre balsámico
400 g de masa de hojaldre
175 g de queso stilton o queso azul
50 g de nueces troceadas

45 minutos • 6 raciones

1 Precalentar el horno a 200 °C. Pelar las
cebollas y cortarlas en rodajas finas. Calentar
tres cucharadas de aceite de oliva en una sartén
grande, añadir las cebollas y freír removiendo
de vez en cuando hasta que queden blandas
y ligeramente doradas, unos 10 minutos.
2 Incorporar el vinagre, salpimentar y cocer 5
minutos más, hasta que las cebollas queden
un poco caramelizadas. Dejar que se enfríen
mientras se desenrolla la masa y se forra con
ella un molde alargado y poco hondo de
23 x 33 cm.
3 Extender las cebollas. A continuación echar
por encima el queso y las nueces. Hornear
durante 15-20 minutos, hasta que la masa esté
crujiente y dorada y el queso se haya fundido.
Dejar enfriar la tarta durante 5 minutos antes
de servir, cortada en cuadrados.

• Cada ración contiene: 446 kcal, 13 g de proteínas, 31 g
de carbohidratos, 31 g de grasas, 7 g de grasas saturadas,
2 g de fibra, 0 g de azúcar añadido, 1,19 g de sal.

Un plato rápido y sabroso que se prepara en una sola cazuela,
por lo que apenas hay que fregar.

Espaguetis a la genovesa

300 g de patatas nuevas cortadas
en rodajas
300 g de espaguetis
250 g de judías verdes despuntadas
y cortadas por la mitad
120 g de pesto
aceite de oliva para rociar

20 minutos • 4 raciones

1 Verter agua en una cazuela muy grande hasta
la mitad. Llevar a ebullición y luego añadir las
patatas, los espaguetis y un poco de sal.
2 Cocer durante 10 minutos hasta que las
patatas y la pasta estén casi tiernas. Echar
las judías verdes y cocer durante 5 minutos
más.
3 Escurrir bien, reservando cuatro cucharadas
del líquido de cocción. Devolver las patatas, la
pasta y las judías a la cazuela y luego incorporar
el pesto y el líquido de cocción reservado.
Salpimentar al gusto, repartir en cuatro platos
y rociar con un poco de aceite de oliva.

• Cada ración contiene: 330 kcal, 23 g de proteínas,
8 g de carbohidratos, 23 g de grasas, 9 g de grasas
saturadas, trazas de fibra, 7 g de azúcar añadido,
0,5 g de sal.

Una salsa sencilla preparada con un frasco de alubias de la despensa, caldo, vino y nata.

Pasta con alubias pochas

2 cucharadas de aceite de oliva
2 cebollas rojas pequeñas cortadas
  en trozos gruesos
4 dientes de ajo picados
400 g de alubias pochas en conserva
1 cucharada de romero fresco picado
150 ml de caldo de verduras
150 ml de vino blanco
4 cucharadas de nata
100 g de judías verdes
350 g de pappardelle (pasta seca)

40 minutos • 4 raciones

1 Calentar el aceite en una cazuela amplia, echar las cebollas y cocer hasta que se ablanden. Añadir el ajo, las alubias pochas, el romero, el caldo y el vino, y luego cocer a fuego lento durante 10 minutos.

2 Salar, poner la nata y cocer 5 minutos más a fuego suave. Mientras tanto, llevar a ebullición una cazuela de agua ligeramente salada. Echar las judías verdes y cocer 5 minutos hasta que estén tiernas. Retirarlas con una espumadera y mantenerlas calientes.

3 Añadir la pasta al agua hirviendo y cocer según las indicaciones del envase. Escurrir y mezclar con la salsa cremosa. Repartir en cuatro cuencos y servir con las judías verdes por encima.

• Cada ración contiene: 582 kcal, 21 g de proteínas, 85 g de carbohidratos, 18 g de grasas, 6 g de grasas saturadas, 9 g de fibra, 0 g de azúcar añadido, 0,95 g de sal.

Las yemas de huevo y la nata componen una de las salsas para pasta más rápidas y deliciosas.

Espaguetis a la carbonara

350 g de espaguetis tricolores
250 g de zanahorias baby cortadas
   a lo largo por la mitad
250 g de espárragos finos cortados
   en trozos de 3 cm
1 calabacín grande cortado en cintas
2 yemas de huevo
200 ml de nata
50 g de queso parmesano rallado
50 g de tomates secados al sol en
   aceite, escurridos y cortados
   en láminas

25 minutos • 4 raciones

1 Cocer la pasta en una cazuela grande con agua hirviendo ligeramente salada según las indicaciones del envase. Cuando falten 4 minutos aproximadamente para el final de la cocción, añadir las zanahorias.

2 Al cabo de 2 minutos añadir los espárragos e inmediatamente antes de escurrir incorporar las cintas de calabacín. Escurrir y devolver a la cazuela bajando el fuego. Batir las yemas, la nata y la mitad del parmesano, y sazonar bien.

3 Echar la mezcla sobre la pasta y las verduras, y calentar muy suavemente durante 2-3 minutos, removiendo sin cesar, hasta que la salsa espese un poco (sin calentar demasiado para que no cuajen los huevos). Incorporar los tomates secados al sol y servir espolvoreado con pimienta negra y el resto del queso.

• Cada ración contiene: 651 kcal, 20 g de proteínas, 71 g de carbohidratos, 34 g de grasas, 19 g de grasas saturadas, 5 g de fibra, 0 g de azúcar añadido, 0,51 g de sal.

La guindilla, el limón, los piñones y las pasas sultanas hacen que la pasta con coliflor se vuelva muy sabrosa.

Pasta picante con coliflor

1 coliflor mediana cortada en floretes
  pequeños
350 g de trompetti u otra pasta corta
4 cucharadas de aceite de oliva
2 dientes de ajo fileteados
1 guindilla roja sin semillas,
  cortada en rodajas
100 g de piñones
50 g de pasas sultanas
la ralladura de 1 limón
el zumo de ½ limón
4 cucharadas de perejil picado
50 g de queso parmesano rallado
  (opcional)

20 minutos • 4 raciones

1 Hervir la coliflor en agua con sal durante 2 minutos. Aclarar con agua fría para detener la cocción. Escurrir. Cocer la pasta en agua hirviendo según las indicaciones del envase.
2 Mientras tanto, calentar el aceite en una sartén grande. Añadir la coliflor y freír 3 minutos hasta que se dore un poco. Bajar el fuego, añadir el ajo, la guindilla y los piñones, y sofreír 2 minutos más.
3 Añadir la pasta escurrida, las pasas sultanas, la ralladura y el zumo de limón y el perejil. Salpimentar y mezclar con el parmesano, si se utiliza.

• Cada ración contiene: 691 kcal, 22 g de proteínas, 78 g de carbohidratos, 35 g de grasas, 6 g de grasas saturadas, 5 g de fibra, 0 g de azúcar añadido, 0,42 g de sal.

El taleggio es un queso de vaca italiano, blando y que se funde
de maravilla sobre la pasta.

Pasta con queso taleggio

2 cucharadas de aceite de oliva
1 cebolla cortada en rodajas
1 pimiento rojo, 1 amarillo y 1 verde
sin semillas y cortados en rodajas
2 dientes de ajo fileteados
300 g de tomate triturado
350 g de rigatoni (pasta seca)
1 pizca de azúcar (opcional)
1 puñado de albahaca fresca
desmenuzada
250 g de queso taleggio cortado
en lonchas finas

45 minutos • 4 raciones

1 Calentar el aceite en una sartén grande
y freír la cebolla durante 2-3 minutos. Añadir los
pimientos y cocer a fuego medio hasta que se
doren un poco. Bajar el fuego, añadir el ajo y freír
2 minutos más. Incorporar el tomate y 150 ml de
agua. Llevar a ebullición y cocer a fuego suave
15 minutos hasta que la salsa espese y se
reduzca.
2 Mientras, cocer la pasta en agua hirviendo
según instrucciones. Precalentar el gratinador
a temperatura alta. Salpimentar la salsa y añadir
un poco de azúcar si es necesario. Mezclar
con la pasta escurrida y la mitad de la albahaca, y
extender en un recipiente refractario poco hondo.
3 Colocar el queso por encima y gratinar
durante 5 minutos hasta que funda. Echar por
encima el resto de la albahaca y servir.

• Cada ración contiene: 692 kcal, 15 g de proteínas,
75 g de carbohidratos, 39 g de grasas, 20 g de grasas
saturadas, 5 g de fibra, 15 g de azúcar añadido,
0,59 g de sal.

La calabaza puede ser insulsa, pero en esta receta le damos más sabor con guindilla, salvia y ralladura de limón.

Raviolis con calabaza

500 g de raviolis de queso, frescos
1 cucharada de aceite de oliva
1 cebolla muy picada
1 diente de ajo machacado
400 g de calabaza hervida y picada
50 g de queso parmesano rallado
1 pizca de copos de guindilla
 machacados
la ralladura de 1 limón
25 g de mantequilla
100 g de miga de pan blanco
2 cucharadas de salvia fresca picada
hojas de salvia fritas para decorar
 (opcional)

30 minutos • 4 raciones

1 Cocer los raviolis según las indicaciones del envase. Mientras tanto, calentar el aceite de oliva en un cazo y freír la cebolla y el ajo 2-3 minutos, hasta que se ablanden. Añadir la calabaza, 300 ml de agua, el parmesano, la guindilla y la ralladura de limón. Mezclar y cocer a fuego lento 3-4 minutos. Salpimentar.
2 En una sartén pequeña, fundir la mantequilla, echar la miga de pan y freír hasta que se dore un poco. Incorporar la salvia picada.
3 Escurrir los raviolis y servir en cuencos. Echar por encima la salsa de calabaza y espolvorear con la miga de pan tostada con salvia fresca. Servir con la salvia frita, si gusta.

• Cada ración contiene: 674 kcal, 26 g de proteínas, 94 g de carbohidratos, 24 g de grasas, 12 g de grasas saturadas, 5 g de fibra, 0 g de azúcar añadido, 1,28 g de sal.

No es necesario molestarse en colocar en una fuente la lasaña, pues esta sencilla versión se monta en el plato.

Lasaña abierta de alubias y guindillas

1 cucharada de aceite de oliva
1 cebolla picada
2 dientes de ajo machacados
1 guindilla roja en rodajas finas
1 berenjena pequeña picada
1 calabacín grande picado
400 g de alubias pintas cocidas
400 g de tomates en lata picados
2 cucharadas de tomate triturado
250 g de láminas de lasaña
1 puñado de albahaca desmenuzada
100 g de queso cheddar rallado
ensalada verde para acompañar

30 minutos • 4 raciones

1 Calentar el aceite en una sartén grande. Freír la cebolla 3 minutos, hasta que se ablande. Añadir el ajo, la guindilla, la berenjena y el calabacín, y freír durante 2 minutos más. Incorporar las alubias, los tomates y el tomate triturado y salpimentar. Llevar a ebullición y cocer a fuego suave durante 5 minutos.

2 Mientras tanto, cocer las láminas de lasaña en agua hirviendo con sal según las indicaciones del envase. Escurrir y luego cortar cada lámina por la mitad en diagonal. Incorporar todas las ramitas de albahaca, menos cuatro, a la mezcla de alubias.

3 Echar una cucharada de la mezcla en cada plato y cubrir con una cuarta parte de los triángulos de lasaña. Poner encima el resto de la mezcla de alubias, el queso rallado y las ramitas de albahaca. Servir con una ensalada verde.

• Cada ración contiene: 400 kcal, 17 g de proteínas, 73 g de carbohidratos, 6 g de grasas, 1 g de grasas saturadas, 11 g de fibra, 0 g de azúcar añadido, 1,21 g de sal.

La mezcla de queso, pesto y tomates da un gusto particular
a estos canelones.

Canelones con queso y tomate

5 cucharadas de aceite de oliva
750 g de tomates cherry maduros
2 cucharaditas de orégano
2 cucharaditas de azúcar moreno
6 cucharadas de pesto
225 g de queso de cabra suave sin
corteza
18 láminas de canelones
350 g de tomates de rama cortados
en rodajas finas
3 cucharadas de queso parmesano
recién rallado
hojas de albahaca y ensalada verde
para servir

1 hora y 20 minutos • 4 raciones

1 Precalentar el horno a 220 °C. Untar con aceite una placa. Cortar por la mitad 250 g de tomates cherry. Calentar el aceite en una sartén, los tomates cherry enteros, tapar y freír a fuego vivo 5 minutos sacudiendo la sartén. Añadir el orégano y el azúcar. Salpimentar.
2 Preparar los canelones según instrucciones. Batir el pesto con el queso de cabra. Extender sobre los canelones la mezcla de queso. Cubrir con rodajas de tomate y enrollarlos. Poner la mitad de la salsa de tomates cherry en la placa y encima los canelones y el resto de la salsa de tomate. Distribuir las mitades de tomate cherry por encima y cubrir con papel de aluminio.
3 Hornear 25-30 minutos. Destapar, echar el queso por encima y dorar 10 minutos. Servir con albahaca y una ensalada verde.

• Cada ración contiene: 635 kcal, 21 g de proteínas, 57 g de carbohidratos, 37 g de grasas, 5 g de grasas saturadas, 6 g de fibra, 3 g de azúcar añadido, 1,46 g de sal.

Este plato de pasta puede burbujear en el horno mientras charlas con tus invitados.

Pasta al horno a la florentina

1 cucharada de aceite de oliva
500 g de champiñones cortados
    por la mitad
2 dientes de ajo picados
300 g de salsa de espinacas y queso
300 ml de leche
50 g de queso parmesano rallado
300 g de puntalette (pasta en forma
    de arroz)

1 hora • 4 raciones

1 Precalentar el horno a 190 °C. Calentar el aceite en una sartén grande, añadir los champiñones y saltearlos durante 5 minutos hasta que se doren un poco. Bajar el fuego, echar el ajo y freír durante 2 minutos. Salpimentar y poner en una fuente de horno de 1,5 litros.

2 Poner la salsa de espinacas, la leche, la mitad del parmesano y la pasta en un cuenco grande. Remover y salpimentar al gusto. Echar encima de los champiñones y repartir el resto del parmesano.

3 Hornear durante 45 minutos hasta que la pasta esté hecha y se haya absorbido la mayor parte del líquido.

• Cada ración contiene: 594 kcal, 27 g de proteínas, 67 g de carbohidratos, 26 g de grasas, 12 g de grasas saturadas, 4 g de fibra, 0 g de azúcar añadido, 1,56 g de sal.

Los ñoquis son unas bolas de patatas hervidas tratadas
como pasta y servidas con una sabrosa salsa.

Ñoquis en salsa de limón y mantequilla

400 g de ñoquis de patata frescos
2 cucharadas de aceite de oliva
300 g de calabaza moscada pelada,
    cortada por la mitad, sin semillas
    y picada
1 cucharadita de azúcar
la ralladura de 1 limón y la mitad
    del zumo
85 g de mantequilla
2 cucharadas de romero fresco picado
ensalada verde para acompañar

20 minutos • 2 raciones

1 Cocer los ñoquis según las indicaciones del envase. Mientras tanto, calentar el aceite en una sartén pequeña y freír la calabaza moscada durante 5 minutos hasta que esté tierna. Echar por encima el azúcar y la ralladura de limón y freír durante 1 minuto más hasta que quede un poco caramelizada.

2 Fundir la mantequilla en un cazo. Incorporar el zumo de limón y el romero picado y salpimentar al gusto. Escurrir los ñoquis e incorporar la calabaza moscada. Mezclar bien.

3 Poner en cuencos de servir y echar por encima la salsa de mantequilla con limón y romero. Servir con una ensalada verde.

• Cada ración contiene: 615 kcal, 8 g de proteínas, 63 g de carbohidratos, 39 g de grasas, 21 g de grasas saturadas, 5 g de fibra, 3 g de azúcar añadido, 0,97 g de sal.

Los ñoquis de patata envasados al vacío son una excelente reserva
en el frigorífico o el congelador.

Ñoquis con habas

350 g de ñoquis de patata
2 cucharadas de aceite de oliva
250 g de setas pequeñas de
    temporada cortadas por la mitad
2 dientes de ajo machacados
250 g de habitas congeladas
3 cucharadas de estragón fresco
    picado
250 g de queso mascarpone
1 cucharada de zumo de limón
virutas de queso parmesano
    y ralladura de limón para decorar
ensalada para acompañar (opcional)

20 minutos • 4 raciones

1 Cocer los ñoquis según las indicaciones
del envase. Escurrir y reservar. Calentar el aceite
en una sartén, añadir las setas y freír a fuego
vivo hasta que se doren. Sacarlas con una
espumadera y añadirlas a los ñoquis.
2 Limpiar la sartén y luego añadir el ajo, las
habas, el estragón y el mascarpone. Calentar
todo a fuego suave, sin dejar de remover, hasta
que se funda el mascarpone. Añadir el zumo de
limón, las setas y los ñoquis. Calentar bien
durante 1 minuto. Salpimentar al gusto.
3 Repartir en los platos y echar por encima
las virutas de parmesano y la ralladura de limón.
Servir con hojas de ensalada si gustan.

• Cada ración contiene: 488 kcal, 10 g de proteínas,
28 g de carbohidratos, 38 g de grasas, 20 g de grasas
saturadas, 5 g de fibra, 0 g de azúcar añadido,
0,54 g de sal.

Esta versión se elabora en el microondas, con lo cual
no hay que remover.

Risotto con puerros y champiñones

25 g de mantequilla
1 cucharada de aceite de oliva
1 puerro cortado en rodajas finas
1 diente de ajo machacado
300 g de arroz para risotto
850 ml de caldo vegetal caliente
250 g de champiñones cortados
   en láminas
50 g de queso parmesano rallado
ensalada verde para acompañar

40 minutos • 4 raciones

1 Poner la mantequilla, el aceite, el puerro
y el ajo en un cuenco grande. Taparlo con papel
film y meterlo en el microondas a potencia alta
durante 5 minutos.
2 Incorporar el arroz a los puerros calientes,
luego incorporar el caldo y sazonar. Cocer
sin tapar a potencia alta durante 10 minutos.
Echar los champiñones, remover y cocer
a potencia alta 6 minutos.
3 Añadir la mitad del parmesano, mezclar
y dejar que el risotto repose durante 5 minutos.
Servir con una ensalada verde y el resto del
parmesano para espolvorear.

• Cada ración contiene: 397 kcal, 13 g de proteínas,
60 g de carbohidratos, 13 g de grasas, 6 g de grasas
saturadas, 3 g de fibra, 0 g de azúcar añadido,
1,22 g de sal.

Este risotto al horno queda estupendamente y ahorra esfuerzo,
ya que no hay que estar pendiente de él.

Risotto al horno con espinacas

25 g de mantequilla
1 diente de ajo machacado
1 cebolla roja pequeña picada
100 g de arroz para risotto
1 cucharada de romero fresco picado,
   más un poco para decorar
300 ml de caldo vegetal
250 ml de vino blanco
300 g de pimientos variados en
   conserva
salsa de tomate
50 g de espinacas
25 g de queso parmesano rallado
ensalada verde para acompañar

55 minutos • 2 raciones

1 Precalentar el horno a 180 °C. Poner la
mantequilla y el ajo en una fuente de 1 litro
e introducirla en el horno durante 2 minutos
hasta que se funda la mantequilla. Añadir
la cebolla y mezclarla con la mantequilla.
A continuación, devolverla al horno para
que se ablande durante 3-4 minutos más.
2 Añadir el arroz, el romero, el caldo y el vino
y dejar en el horno durante 30 minutos,
removiendo una o dos veces durante la
cocción.
3 Incorporar los pimientos, la salsa de tomate
y las espinacas y asar en el horno 10 minutos
más, hasta que se absorba todo el líquido.
Incorporar el parmesano y salpimentar al gusto.
Servir con una ensalada verde fresca.

• Cada ración contiene: 534 kcal, 11 g de proteínas,
54 g de carbohidratos, 23 g de grasas, 10 g de grasas
saturadas, 3 g de fibra, 0 g de azúcar añadido,
1,25 g de sal.

Un plato sencillo y fácil de variar si se añaden guisantes,
setas fritas o maíz.

Arroz con queso cheddar y tomate

2 cucharadas de aceite
1 cebolla cortada en rodajas finas
1 pimiento rojo sin semillas, cortado
    en rodajas
1 diente de ajo muy picado
300 g de arroz de grano largo
1 litro de caldo de verdura
250 g de tomates troceados en lata
100 g de queso cheddar curado
    cortado en cubos
cebollino y hojas de ensalada
    para decorar

1 hora • 4 raciones

1 Precalentar el horno a 180 °C. Calentar el
aceite en una cazuela grande y freír la cebolla
y el pimiento rojo a fuego medio hasta que se
doren. Añadir el ajo picado y cocer un minuto
más.
2 Incorporar el arroz y remover hasta que
quede transparente. Añadir el caldo y los
tomates, y salpimentar. Llevar a ebullición
y cocer a fuego suave durante 5 minutos hasta
que se absorba el líquido casi por completo.
3 Echar por encima el queso, tapar la cazuela
y hornear durante media hora hasta que esté
hecho el arroz. Dejar que repose 5 minutos
antes de decorarlo con cebollino y hojas de
ensalada.

• Cada ración contiene: 463 kcal, 14 g de proteínas,
72 g de carbohidratos, 15 g de grasas, 6 g de grasas
saturadas, 2 g de fibra, 0 g de azúcar añadido,
1,32 g de sal.

Conviene cocer el arroz unas horas antes porque se saltea mejor cuando se ha enfriado.

Arroz frito con verduras estilo tai

2 cucharadas de aceite de girasol
1 guindilla roja en rodajas finas
1 tallo de hierba limón muy picado
2 chalotas cortadas en rodajas finas
1 diente de ajo machacado
1 trozo de 5 cm de jengibre fresco
   picado muy fino
150 g de arroz jazmín cocido
   y enfriado
1 pimiento rojo pequeño sin semillas
   y cortado en rodajas
1 zanahoria en tiras
2 cebolletas cortadas en tiras
100 g de tirabeques cortados en tiras
1 cucharada de salsa de soja clara
25 g de virutas de coco tostadas
hojas de cilantro frescas

35 minutos • 2 raciones

1 Calentar una cucharada de aceite en un wok o sartén grande. Sofreír a fuego lento la guindilla, la hierba limón, las chalotas, el ajo y el jengibre durante 2 minutos hasta que se ablanden. Añadir el arroz cocido y freír removiendo 3-4 minutos más.
2 Calentar el resto del aceite en otra sartén y echar el pimiento, la zanahoria, las cebolletas y los tirabeques. Saltear 2-3 minutos.
3 Incorporar la salsa de soja al arroz y servirlo en cuencos. Cubrir con las verduras, las virutas de coco y las hojas de cilantro cortadas, y servir.

• Cada ración contiene: 930 kcal, 17 g de proteínas, 177 g de carbohidratos, 22 g de grasas, 6 g de grasas saturadas, 5 g de fibra, 0 g de azúcar añadido, 1,17 g de sal.

Se pueden utilizar sobras de arroz para preparar esta mezcla indonesia de arroz frito, sabrosa y llena de color.

Nasi goreng picante

300 g de arroz de grano largo lavado
2 huevos batidos
3 dientes de ajo
2 guindillas rojas en rodajas finas
2 cebollas en rodajas
3 cucharadas de aceite de cacahuete
1 pimiento amarillo, sin semillas
    y cortado en rodajas
2 zanahorias cortadas en tiras
2 cucharadas de salsa de soja oscura
4 cebollas tiernas cortadas en tiras
4 cucharadas de cilantro fresco picado

35 minutos • 2 raciones

1 Poner el arroz en un wok con 600 ml de agua y llevar a ebullición. Tapar y cocer a fuego muy lento durante 15 minutos, hasta que se absorba el líquido. Echar en una fuente plana y dejar que se enfríe.

2 Mientras tanto, calentar el wok. Añadir los huevos y cocer, removiendo, hasta que cuajen. Retirarlos y dejar aparte. Mezclar con la batidora el ajo, la mitad de la guindilla y la mitad de la cebolla hasta formar una pasta. Calentar el aceite en el wok y freír esa pasta durante 1 minuto. Añadir el resto de la cebolla y la guindilla, además de las verduras, y saltear durante 2 minutos.

3 Añadir el arroz frío y saltear durante 3 minutos. Incorporar la salsa de soja, las cebollas tiernas y los huevos y freír hasta que esté todo caliente. Salpimentar y servir enseguida.

• Cada ración contiene: 445 kcal, 10 g de proteínas, 72 g de carbohidratos, 15 g de grasas, 3 g de grasas saturadas, 2 g de fibra, 0 g de azúcar añadido, 0,16 g de sal.

Los fideos al huevo se cuecen deprisa y quedan bien tanto con salteados como en una ensalada tibia.

Ensalada de fideos con sésamo

150 g de fideos al huevo medianos
3 cucharadas de aceite de sésamo
1 cucharada de salsa de soja oscura
2 cucharaditas de zumo de limón
1 zanahoria grande pelada
1 trozo de 10 cm de pepino
   o calabacín
2 cucharaditas de semillas de sésamo
2 dientes de ajo muy picados
25 g de jengibre fresco pelado
   y picado muy fino
4 cebollas tiernas cortadas en tiras
½-1 cucharadita de polvo de cinco
   especias chinas
un manojo de canónigos o rúcula

15 minutos • 2 raciones

1 Cocer los fideos según las indicaciones del envase. Aclararlos en un colador bajo un chorro de agua fría y escurrirlos. Echarlos en un cuenco e incorporar el aceite de sésamo, la salsa de soja y el zumo de limón.
2 Con un pelapatatas, cortar la zanahoria en cintas finas. Hacer lo mismo con el pepino o calabacín, desechando la parte central con las semillas. Añadir a los fideos.
3 Calentar una sartén pequeña y tostar las semillas de sésamo hasta que adquieran un suave tono dorado. Echarlas sobre los fideos. Poner el aceite en la sartén y saltear el ajo, el jengibre, las cebollas tiernas y el polvo de cinco especias durante 30 segundos. Incorporar los canónigos o la rúcula. Mezclar con los fideos, salpimentar y servir.

• Cada ración contiene: 655 kcal, 15 g de proteínas, 58 g de carbohidratos, 42 g de grasas, 5 g de grasas saturadas, 6 g de fibra, 0 g de azúcar añadido, 1,47 g de sal.

El tofu es un producto oriental a base de soja y agua. Es insípido pero, como el pollo, absorbe muy bien los sabores de otros ingredientes.

Chow mein con tofu

250 g de fideos al huevo
1 cucharada de aceite vegetal
3 cebollas tiernas cortadas en rodajas
2 dientes de ajo muy picados
1 trozo de jengibre fresco de 2 cm
    pelado y muy picado
300 g de tofu firme cortado en dados
250 g de brotes de bambú cortados
    en láminas
100 g de brotes de soja
100 g de tirabeques cortados en tiras
2 cucharadas de salsa de soja
2 cucharadas de salsa chile dulce

25 minutos • 4 raciones

1 Cocer los fideos según las indicaciones del envase. Mientras, calentar el aceite en una sartén grande o un wok y saltear 1-2 minutos las cebolletas, el ajo y el jengibre hasta que se ablanden un poco.

2 Añadir el tofu y freírlo 2-3 minutos a fuego vivo hasta que se dore. Incorporar los brotes de bambú, los brotes de soja y los tirabeques y saltear durante 1-2 minutos más.

3 Escurrir los fideos e incorporarlos a las verduras con la salsa de soja y la salsa de chile. Mezclar y servir enseguida.

• Cada ración contiene: 361 kcal, 16 g de proteínas, 49 g de carbohidratos, 12 g de grasas, 1 g de grasas saturadas, 4 g de fibra, 0 g de azúcar añadido, 1,4 g de sal.

Los fideos con salsa satay tienen un sabor exótico
y delicioso.

Fideos satay al estilo tailandés

1 cucharada de mantequilla de
    cacahuete con trocitos enteros
3 cucharadas de salsa chile dulce
100 ml de leche de coco
100 ml de caldo de verdura
2 cucharadas de salsa de soja
300 g de fideos finos al huevo
    precocidos y envasados al vacío
2 cucharadas de aceite de sésamo
jengibre fresco rallado (unos 5 cm)
150 g de brócoli en floretes
1 pimiento rojo pequeño sin semillas
    y en rodajas
100 g de mazorquitas de maíz
    cortadas por la mitad a lo largo
50 g de tirabeques
3 dientes de ajo muy picados
hojas de albahaca frescas
25 g de cacahuetes tostados
    y picados

25 minutos • 4 raciones

1 Mezclar la mantequilla de cacahuete, la salsa chile, la leche de coco, el caldo y la salsa de soja para preparar una salsa satay homogénea. Hervir los fideos según las instrucciones del envase.

2 Calentar el aceite en un wok y saltear el jengibre, el brócoli, el pimiento y el maíz 3 minutos. Añadir los tirabeques y el ajo y saltear 2 minutos más. Incorporar la salsa de cacahuete y llevar a ebullición.

3 Escurrir bien los fideos. Echarlos en el wok y saltearlos a fuego vivo durante 1-2 minutos. Echar por encima las hojas de albahaca y los cacahuetes picados y servir.

• Cada ración contiene: 588 kcal, 18 g de proteínas, 62 g de carbohidratos, 31 g de grasas, 8 g de grasas saturadas, 7 g de fibra, 0 g de azúcar añadido, 1,8 g de sal.

Si no se encuentra smetana, una variedad de nata agria similar a la *crème fraîche*, utiliza nata o yogur con unas gotas de limón.

Remolacha asada con rábano silvestre

1 kg de remolacha fresca cruda,
   pelada y cortada en trozos
400 g de chalotas cortadas
   por la mitad si son grandes
3 cucharadas de aceite de oliva
3 cucharadas de vinagre balsámico
3 cucharaditas de semillas de comino,
   y un poco más para espolvorear
   por encima
arroz hervido para acompañar
1 puñado de cebollino fresco
   para decorar

PARA LA SALSA
150 ml de smetana o mezcla de yogur
   cremoso y nata con unas gotas de
   limón
25 g de rábano silvestre fresco rallado
   o 2 cucharadas si es en conserva

1 hora • 4 raciones

1 Precalentar el horno a 200 °C. Poner la remolacha junto con las chalotas en una fuente de horno grande. Rociar con el aceite de oliva y el vinagre balsámico, sazonar y dar unas vueltas para que quede todo bien untado. Asar durante 25 minutos.
2 Incorporar las semillas de comino y mezclar. Asar durante 20 minutos más, hasta que la remolacha quede tierna y las chalotas se ablanden y se doren.
3 Mezclar en un cuenco la smetana y el rábano silvestre y salpimentar. Servir las verduras asadas con arroz hervido. Añadir por encima la mezcla de smetana y decorar con el comino y el cebollino fresco.

• Cada ración contiene: 256 kcal, 9 g de proteínas, 28 g de carbohidratos, 13 g de grasas, 2 g de grasas saturadas, 7 g de fibra, 0 g de azúcar añadido, 0,53 g de sal.

La polenta de cocción rápida es muy útil para cocinar entre semana.
El quark es un queso fresco sin pasteurizar de leche de vaca.

Polenta con verduras de primavera

PARA LA POLENTA

850 ml de caldo de verdura

175 g de polenta de cocción rápida

100 g de quark

125 g de pesto

virutas de parmesano para servir
   (opcional)

PARA LAS VERDURAS

100 g de mazorquitas de maíz
   cortadas por la mitad a lo largo

100 g de zanahorias baby

100 g de judías planas o habichuelas
   cortadas en rebanadas gruesas

100 g de guisantes frescos
   (o congelados)

la ralladura de 1 limón

2 cucharadas de perejil

1 diente de ajo picado muy fino

15 minutos • 4 raciones

1 En una cazuela amplia, llevar el caldo a ebullición y echar la polenta en forma de lluvia, removiendo sin cesar, hasta que espese. Incorporar el quark y cocer a fuego lento durante 5 minutos más, removiendo de vez en cuando.

2 Mientras tanto, cocer al vapor las verduras en una cazuela de agua hirviendo 3-4 minutos. Retirar la polenta del fuego e incorporar batiendo el pesto. Salpimentar al gusto. Servir en platos tibios.

3 Poner las verduras encima de la polenta. Echar por encima la ralladura de limón, el perejil y el ajo, y servir enseguida con parmesano recién cortado en virutas si gusta.

• Cada ración contiene: 394 kcal, 15 g de proteínas, 40 g de carbohidratos, 21 g de grasas, 3 g de grasas saturadas, 4 g de fibra, 0 g de azúcar añadido, 1,27 g de sal.

Servir este sabroso curry en cuencos hondos con cucharadas de queso fresco descremado y pan recién salido del horno para mojar.

Curry de calabaza y manzana

1 cucharada de aceite de girasol
1 cebolla grande picada
3 dientes de ajo picados
500 g de calabaza pelada, sin semillas
	y cortada en cubos
800 g de patatas cortadas en cubos
1 manzana mediana pelada,
	sin corazón y cortada en dados
2 cucharaditas de pasta de curry
	suave
1 cucharadita de cúrcuma
1 trozo de jengibre fresco de 2,5 cm
	picado
2 hojas de laurel
1 cubito de caldo vegetal
50 g de pasas
4 cucharadas de queso fresco
	desnatado para servir
pan o arroz para acompañar

45 minutos • 4 raciones

1 Calentar el aceite en una cazuela, echar la cebolla y freír 5 minutos hasta que se dore. Añadir el ajo, la calabaza, las patatas y la manzana. Echar la pasta de curry, la cúrcuma, el jengibre y las hojas de laurel.
2 Añadir 500 ml de agua, el cubito de caldo, las pasas y condimentar bien. Llevar a ebullición, removiendo. Tapar y cocer a fuego lento 15 minutos, removiendo de vez en cuando, hasta que las verduras estén tiernas.
3 Poner en cuencos y echar por encima el queso fresco y una pizca de cúrcuma. Servir con pan o arroz.

• Cada ración contiene: 270 kcal, 5 g de proteínas, 55 g de carbohidratos, 5 g de grasas, 1 g de grasas saturadas, 6 g de fibra, 0 g de azúcar añadido, 0,23 g de sal.

Una tarta que alimenta y resulta deliciosa, servida caliente
o fría con ensalada.

Tarta de patatas y cebolla

400 g de masa quebrada
2 cucharadas de aceite de oliva
450 g de cebollas en rodajas finas
2 dientes de ajo machacados
3 cucharadas de hojas de tomillo
   fresco o 1 cucharada si es seco
750 kg de patatas harinosas peladas
   y cortadas en rodajas gruesas
2 huevos
200 ml de nata
2 cucharadas de mostaza de Dijon
ensalada para servir

50 minutos • 4 raciones

1 Precalentar el horno a 220 °C. Utilizar
la masa para forrar la base y los laterales de
un molde de 23 x 33 cm aproximadamente.
Calentar el aceite en una sartén grande y freír
las cebollas 8-10 minutos, hasta que empiecen
a caramelizarse. Incorporar el ajo y casi todo
el tomillo y cocer durante 2 minutos más. Esparcir
la mitad por la masa.
2 Hervir las patatas en agua con sal 4-5
minutos. Escurrir y disponer por encima
de la masa. Esparcir el resto de las cebollas.
3 Batir los huevos, la nata y la mostaza.
Salpimentar bien y verter encima de las
verduras. Espolvorear con el resto del tomillo
y hornear la tarta durante 20 minutos, hasta
que los ingredientes estén dorados. Servir
con ensalada.

• Cada ración contiene: 706 kcal, 14 g de proteínas,
84 g de carbohidratos, 37 g de grasas, 14 g de grasas
saturadas, 6 g de fibra, 0 g de azúcar añadido,
0,84 g de sal.

Una sustanciosa ensalada que puede servirse como plato principal con garbanzos y picatostes de pan naan.

Ensalada hindú de garbanzos

6 cucharadas de aceite de oliva
3 dientes de ajo fileteados
2 guindillas rojas sin semillas
  y en rodajas
4 cucharaditas de comino ligeramente
  machacado
800 g de garbanzos cocidos
3 tomates cortados por la mitad,
  sin semillas y en dados
la ralladura y el zumo de 1 limón
1 pan naan

PARA LA ENSALADA
25 g de cilantro fresco
½ pepino cortado en tiras
1 cebolla roja mediana en rodajas
100 g de hojas de espinacas tiernas

30 minutos • 4 raciones

1 Poner 5 cucharadas de aceite en una cazuela. Añadir los ajos, las guindillas y el comino y calentar a fuego medio durante 10 minutos. Tener cuidado de no quemar el ajo. Añadir los garbanzos y calentar bien durante 5 minutos. Mientras tanto, precalentar el gratinador a temperatura alta.

2 Añadir los tomates, la peladura y el zumo de limón a los garbanzos. Sazonar y reservar. Untar el pan naan con el resto del aceite y poner bajo el gratinador hasta que queden crujientes por ambos lados. Cortar en trozos del tamaño de un bocado.

3 Mezclar los ingredientes de la ensalada y repartir en platos. Poner los garbanzos encima y cubrir con los picatostes de pan naan.

• Cada ración contiene: 641 kcal, 23 g de proteínas, 66 g de carbohidratos, 33 g de grasas, 6 g de grasas saturadas, 11 g de fibra, 0,2 g de azúcar añadido, 0,65 g de sal.

Solo hace falta remojar el cuscús antes de comerlo. Es un acompañamiento ideal para unas verduras asadas llenas de color.

Cuscús con verduras asadas

1 pimiento rojo y 1 amarillo, sin
    semillas y cortados en dados
2 calabacines en dados
1 berenjena cortada en dados
1 cebolla roja picada
2 dientes de ajo picados
1 cucharada de romero fresco picado
5 cucharadas de aceite de oliva
250 g de cuscús
400 g de alubias pochas en conserva
2 cucharadas de vinagre balsámico
ensalada verde para acompañar

45 minutos • 4 raciones

1 Precalentar el horno a 220 °C. Poner todas las verduras, el ajo y el romero en una fuente de horno grande y rociar con cuatro cucharadas de aceite. Sazonar y asar durante 20; minutos, remover al cabo de 10 minutos.

2 Mientras, poner el cuscús en un cuenco y verter encima 400 ml de agua hirviendo. Salpimentar y dejar que repose durante 20 minutos hasta que se absorba toda el agua. Añadir las alubias pochas y el vinagre a la fuente de horno, mezclar bien y asar durante 10 minutos más.

3 Remover los granos de cuscús con un tenedor. Repartir en platos y disponer encima las verduras asadas y la mezcla de alubias pochas. Servir con una ensalada verde.

• Cada ración contiene: 478 kcal, 15 g de proteínas, 61 g de carbohidratos, 21 g de grasas, 3 g de grasas saturadas, 7 g de fibra, 0 g de azúcar añadido, 0,06 g de sal.

Casi todos los quesos para fundir aportan mucho sabor gratinados sobre rodajas de berenjena. Para variar, se puede utilizar brie.

Berenjenas con queso de cabra

4 berenjenas medianas cortadas
   por la mitad a lo largo
100 ml de aceite de oliva
2 cucharadas de pasta de tomates
   secados al sol
25 g de hojas de albahaca fresca
4 quesos de cabra individuales
   de 60 g cada uno
1 cucharada de vinagre de vino blanco
1 cucharadita de mostaza de Dijon
1 pizca de azúcar molido
150 g de ensaladas variadas
100 g de rábanos cortados por
   la mitad
pan crujiente para acompañar

25 minutos • 4 raciones

1 Precalentar el gratinador a temperatura alta. Untar los dos lados de las mitades de berenjena con tres cucharadas de aceite y salpimentar. Colocar las berenjenas con el corte hacia arriba sobre papel de horno y gratinarlas durante 7 minutos. Darles la vuelta y gratinarlas 5 minutos más, hasta que queden un poco chamuscadas.
2 Untar las berenjenas con la pasta de tomates y disponer encima las hojas de albahaca. Cortar cada queso en cuatro lonchas y disponerlas sobre las berenjenas. Salpimentar y gratinar hasta que burbujeen.
3 Batir el resto del aceite, el vinagre, la mostaza y el azúcar en un cuenco y aliñar la ensalada. Repartir en platos y colocar encima las mitades de berenjena con queso. Servir con pan crujiente.

• Cada ración contiene: 416 kcal, 12 g de proteínas, 10 g de carbohidratos, 37 g de grasas, 4 g de grasas saturadas, 7 g de fibra, 0 g de azúcar añadido, 2,36 g de sal.

El paneer o panela es un queso duro utilizado en la cocina hindú, que se funde con un sabor delicioso en la salsa.

Curry de guisantes y paneer

2 cucharadas de aceite vegetal
200 g de paneer (queso hindú) troceado
1 cebolla en rodajas finas
2 cucharadas de pasta de curry suave
450 g de patatas peladas y cortadas en trozos
400 g de tomates en lata picados con ajo
300 ml de caldo de verdura
300 g de guisantes congelados
arroz hervido para acompañar

45 minutos • 4 raciones

1 Calentar una cucharada de aceite en una cacerola. A continuación freír el paneer durante 2-3 minutos removiendo hasta que quede crujiente y dorado. Retirarlo con una espumadera y reservarlo.

2 Freír la cebolla en el resto del aceite 4-5 minutos, hasta que quede blanda y empiece a dorarse. Añadir la pasta de curry. Freír removiendo durante 2 minutos.

3 Incorporar las patatas, los tomates, el caldo y el paneer, llevar a ebullición y cocer a fuego suave durante 15 minutos. Añadir los guisantes, llevar de nuevo a ebullición y cocer a fuego bajo durante 5 minutos. Salpimentar al gusto y servir con arroz hervido.

• Cada ración contiene: 404 kcal, 20 g de proteínas, 32 g de carbohidratos, 22 g de grasas, 9 g de grasas saturadas, 7 g de fibra, 0 g de azúcar añadido, 2,84 g de sal.

Una cena muy sabrosa que se duplica con facilidad
si hay que alimentar a una muchedumbre hambrienta.

Pastel de tomate y queso de cabra

1 kg de tomates maduros, a ser
    posible una mezcla que incluya
    tomates cherry
5 cucharadas de aceite de oliva
225 g de queso de cabra
50 g de piñones
100 g de miga de pan blanco
50 g de queso parmesano recién
    rallado
ensalada verde o verduras para
    acompañar

55 minutos • 4 raciones

1 Precalentar el horno a 190 °C. Picar los tomates, conservando enteros los cherry. Calentar 2 cucharadas de aceite de oliva en una cazuela, añadir los tomates picados, salpimentar y cocer 10 minutos removiendo de vez en cuando, hasta que se ablanden. Retirar del fuego e incorporar los tomates cherry.
2 Poner la mitad de los tomates en una fuente para horno de 1 litro y desmenuzar la mitad del queso de cabra encima. Repetir las capas.
3 Calentar 3 cucharadas de aceite de oliva en una sartén y freír ligeramente los piñones y la miga de pan. Retirar del fuego y añadir la mitad del parmesano. Echar encima de los tomates y el queso y cubrir con el resto del parmesano. Hornear 20-25 minutos, hasta que se dore. Servir con ensalada verde o con verduras.

• Cada ración contiene: 431 kcal, 22 g de proteínas, 28 g de carbohidratos, 27 g de grasas, 12 g de grasas saturadas, 3 g de fibra, 0 g de azúcar añadido, 1,78 g de sal.

En vez de masa de pan, la base de esta pizza está hecha
con polenta de cocción rápida extendida en una placa de horno.

Pizza de polenta

250 kg de polenta de cocción rápida
50 g de queso parmesano rallado
1 cucharada de aceite de oliva
1 cebolla roja en rodajas
2 dientes de ajo fileteados
1 calabacín cortado en rodajas
100 g de setas de chopo cortadas
    en láminas
4 tomates pera maduros cortados
    en rodajas
100 g de mozzarella cortada en
    lonchas finas
1 cucharada de pesto
ensalada verde para acompañar

50 minutos • 4 raciones

1 Cocer la polenta según las indicaciones
del envase. Salpimentar bien e incorporar
el parmesano. Echar sobre papel de horno
untado de aceite, extender hasta formar un
disco de 28 cm y dejar que adquiera firmeza
durante 15 minutos. Mientras tanto, precalentar
el horno a 200 °C.
2 Calentar el aceite en una sartén grande
y freír la cebolla, unos 5 minutos hasta que
se ablande. Incorporar los dientes de ajo
y el calabacín y freír durante otros 2 minutos.
Salpimentar y esparcir las setas y los tomates
sobre la base de polenta.
3 Disponer la mozzarella encima y repartir
la salsa pesto. Hornear durante 20 minutos,
hasta que se funda el queso. Servir la pizza
cortada en triángulos con una ensalada verde.

• Cada ración contiene: 423 kcal, 19 g de proteínas,
50 g de carbohidratos, 18 g de grasas, 7 g de grasas
saturadas, 53 g de fibra, 0 g de azúcar añadido,
0,83 g de sal.

Unos sencillos tubérculos combinados con queso azul
constituyen una sustanciosa cena.

Gratinado de verduras con queso azul

500 g de patatas, zanahorias
   y chirivías cortadas en rodajas
   gruesas
un manojo de cebollas tiernas
una nuez grande de mantequilla
150 g de queso stilton o queso azul
judías verdes para acompañar

40 minutos • 4 raciones

1 Precalentar el horno a 200 °C. Cocer las patatas, las zanahorias y las chirivías en agua con sal hirviendo durante 8-10 minutos, hasta que estén tiernas pero firmes. Escurrir bien.

2 Picar las cebollas tiernas. Fundir la mantequilla en la cazuela de cocer las verduras (no hace falta lavarla), añadir las cebollas tiernas y freír suavemente durante 1-2 minutos, hasta que se ablanden un poco. Echar las verduras y remover hasta que queden envueltas en mantequilla. Poner en una fuente de horno untada con mantequilla.

3 Cortar el queso en lonchas y disponerlas encima de las verduras. Hornear durante 20 minutos, hasta que se funda el queso. Servir caliente directamente del horno, con judías verdes.

• Cada ración contiene: 372 kcal, 13 g de proteínas, 43 g de carbohidratos, 17 g de grasas, 10 g de grasas saturadas, 10 g de fibra, 0 g de azúcar añadido, 0,44 g de sal.

Este «pastel» de verduras en capas es una alternativa perfecta al típico asado. Servir con una salsa vegetariana.

Tubérculos al horno

100 g de mantequilla entibiada
la ralladura de 1 limón pequeño
2 dientes de ajo machacados
3 cucharadas de hojas de tomillo
    fresco
100 g de queso gruyère rallado
750 g de patatas peladas
250 g de apio nabo pelado
450 g de zanahorias peladas
450 g de chirivías peladas
    y sin el centro leñoso
salsa vegetariana para acompañar

2 horas • 6 raciones

1 Precalentar el horno a 190 °C. Con 25 g de mantequilla, engrasar un molde redondo de 20 cm (que no tenga el fondo desmontable). Mezclar el resto de la mantequilla con la ralladura de limón, el ajo, el tomillo y el gruyère. Sazonar.
2 Cortar las verduras en rodajas muy finas. Poner en capas en el molde un tercio de las patatas, y luego el apio nabo, las zanahorias y las chirivías. Distribuir la mantequilla en copos. Repetir las capas. Acabar con pimienta negra y unos copos de mantequilla.
3 Cubrir con papel de aluminio y hornear durante tres cuartos de hora. Destapar y hornear otros tres cuartos de hora hasta que las verduras estén tiernas. Dejar que repose 5 minutos, volcar en un plato tibio, y volver a volcar dejando el lado crujiente arriba. Servir con salsa vegetariana.

• Cada ración contiene: 483 kcal, 38 g de proteínas, 46 g de carbohidratos, 18 g de grasas, 5 g de grasas saturadas, 8 g de fibra, 0 g de azúcar añadido, 8,3 g de sal.

Para esta receta, es preferible elegir un queso de cabra cremoso
y suave, sin corteza.

Tartaletas de puerro y queso de cabra

250 g de masa quebrada
1 cucharada de aceite de oliva
1 puerro cortado por la mitad a lo
    largo y luego en trozos de 1 cm
1 pimiento amarillo sin semillas
    y picado
6 aceitunas negras deshuesadas
    y cortadas en cuartos
2 cucharadas de hojas de tomillo
    fresco
100 g de queso de cabra suave
    sin corteza, cortado en cubos
ensalada verde o verduras de invierno
    cocidas al vapor para acompañar
    (opcional)

45 minutos • 4 raciones

1 Precalentar el horno a 180 °C. Extender la masa sobre una superficie ligeramente enharinada y utilizarla para forrar cuatro moldes ondulados de fondo desmontable de 12 cm. Pinchar las bases de la masa, cubrir con papel parafinado y colocar cualquier tipo de legumbres para que no suba la masa. Hornear durante 12 minutos.
2 Mientras tanto, calentar el aceite en una sartén grande y freír el puerro y el pimiento hasta que se ablanden. Retirar el papel y las legumbres de las tartaletas. Rellenar cada tartaleta con la mezcla de puerro y pimiento. Esparcir por encima las aceitunas, el tomillo y el queso de cabra.
3 Cocer durante 10-12 minutos, hasta que la pasta esté dorada y el queso un poco fundido. Servir enseguida con ensalada verde mixta o verduras de invierno cocidas al vapor.

• Cada ración contiene: 441 kcal, 9 g de proteínas, 38 g de carbohidratos, 29 g de grasas, 11 g de grasas saturadas, 3 g de fibra, 0 g de azúcar añadido, 1,68 g de sal.

El hojaldre congelado es una envoltura rápida
para un relleno salado y sabroso.

Tarta de cebolla roja, feta y aceitunas

25 g de mantequilla
2 cebollas rojas grandes, en rodajas
   finas
2 cucharadas de azúcar mazcabado
2 cucharadas de vinagre balsámico
harina para espolvorear
450 g de masa de hojaldre
100 g de queso feta desmenuzado
   extra
175 g de aceitunas negras
   deshuesadas y picadas
1 cucharada de aceite de oliva virgen
hojas de albahaca cortadas
   para decorar
ensalada verde para acompañar

45 minutos • 4 raciones

1 Precalentar el horno a 200 °C. Calentar la
mantequilla en una cazuela y echar las cebollas.
Añadir una pizca de sal y freír durante 10
minutos, hasta que se caramelicen. Añadir
el azúcar y el vinagre y cocer 5 minutos más,
hasta que el líquido se reduzca y espese.
Dejar enfriar.
2 Extender la masa sobre una superficie
enharinada y utilizarla para forrar un molde de
30 x 22 cm. Cubrir con la mezcla de cebollas
y esparcir encima el queso feta y las aceitunas.
Salpimentar y rociar con el aceite de oliva.
3 Hornear 15-20 minutos hasta que la masa
esté hinchada y dorada y la base crujiente.
Esparcir las hojas de albahaca y cortar en
triángulos. Servir con una ensalada verde.

• Cada ración contiene: 646 kcal, 11 g de proteínas,
53 g de carbohidratos, 44 g de grasas, 18 g de grasas
saturadas, 2 g de fibra, 8 g de azúcar añadido,
4,07 g de sal.

Comprar la base de tarta preparada ahorrará tiempo.
Se puede probar a utilizar espárragos en lugar de cebollas.

Tarta de cebollas tiernas y queso

1 manojo de cebollas tiernas
1 cucharada de aceite de oliva
250 g de queso de cabra sin la corteza
150 ml de nata
3 huevos con las claras y las yemas
   separadas
pasta quebrada de 24 cm
ensalada de tomate para acompañar

40 minutos • 6 raciones

1 Precalentar el horno a 190 °C y el gratinador a temperatura alta. Colocar las cebollas tiernas sobre una hoja de papel de horno y untarlas con el aceite. Gratinar durante 2 minutos.
2 En un cuenco, mezclar el queso de cabra, la nata y las yemas de huevo hasta que formen un compuesto homogéneo. Batir las claras a punto de nieve e incorporarlas con suavidad a la mezcla de queso. Poner todo sobre la base de la tarta y disponer las cebollas tiernas por encima.
3 Hornear durante 20-25 minutos hasta que se dore. Servir con ensalada de tomate.

• Cada ración contiene: 337 kcal, 11 g de proteínas, 18 g de carbohidratos, 25 g de grasas, 13 g de grasas saturadas, 1 g de fibra, 3 g de azúcar añadido, 0,64 g de sal.

Para esta sencilla cena, utiliza tu pasta de curry favorita
en lugar de especias molidas.

Curry cremoso con huevo

2 cucharadas de aceite
1 cebolla grande o 2 medianas (unos
    300 g en total) en rodajas finas
2 cucharadas bien colmadas de pasta
    de curry
250 g de tomates en lata
8 huevos
150 g de guisantes congelados
4 cucharadas de yogur griego
arroz cocido y chutney de mango para
    servir

45 minutos • 4 raciones

1 Calentar el aceite en una sartén. Echar la cebolla y freír 10 minutos hasta que se dore. Añadir la pasta de curry y cocer removiendo durante 2 minutos. Incorporar los tomates y 200 ml de agua y sazonar. Llevar a ebullición y luego seguir a fuego suave durante 20 minutos. Añadir un poco de agua si el curry espesa demasiado.
2 Mientras tanto, hervir los huevos 8 minutos.
3 Incorporar los guisantes y el yogur al curry. Cocer a fuego lento durante 2-3 minutos. Pelar y cortar por la mitad los huevos e incorporarlos con cuidado al curry. Servir con arroz cocido y chutney de mango.

• Cada ración contiene: 302 kcal, 18 g de proteínas, 12 g de carbohidratos, 21 g de grasas, 5 g de grasas saturadas, 3 g de fibra, 0 g de azúcar añadido, 0,84 g de sal.

Esta ensalada tradicional italiana, rústica y de estilo campesino, posee el sabor de las verduras maduradas al sol.

Ensalada toscana

2 pimientos rojos y 2 amarillos, sin semillas y cortados en cuartos
1 pan de chapata
6 cucharadas de aceite de oliva virgen extra
3 cucharadas de vinagre de vino tinto
2 dientes de ajo machacados
6 tomates pera maduros, cortados en trozos grandes
50 g de alcaparrones o alcaparras
50 g de aceitunas negras marinadas
1 manojo de hojas de albahaca fresca groseramente cortadas
2 cucharaditas de piñones tostados

35 minutos • 4 raciones

1 Precalentar el gratinador a temperatura alta. Gratinar los pimientos hasta chamuscarlos y meterlos en una bolsa de plástico para que el vapor suelte las pieles.
2 Mientras tanto, romper el pan con las manos en trozos grandes, tostarlo hasta que esté bien dorado y ponerlo en un cuenco grande. Batir el aceite de oliva con el vinagre y los ajos, salpimentar y reservar.
3 Pelar los pimientos y cortarlos en trozos grandes. Mezclarlos con el pan tostado, los tomates, los alcaparrones o alcaparras, las aceitunas, la albahaca, los piñones y el aliño. Servir enseguida la ensalada sola o como acompañamiento de un queso cremoso de cabra o brie curado.

• Cada ración contiene: 622 kcal, 15 g de proteínas, 69 g de carbohidratos, 33 g de grasas, 4 g de grasas saturadas, 5 g de fibra, 0 g de azúcar añadido, 2,68 g de sal.

La textura crujiente y los sabores frescos de sus ingredientes, harán de esta ensalada rápida una indudable favorita.

Ensalada de naranja y apio

2 naranjas grandes
1 apio pequeño (de unos 350 g) limpio,
    sin hebras y cortado en diagonal
1 cebolla roja pequeña troceada
250 g de tomates cherry cortados
    por la mitad
100 g de canónigos
1 diente de ajo pequeño machacado
2 cucharadas de menta fresca picada
6 cucharadas de aceite de oliva
1 cucharada de vinagre balsámico

15 minutos • 4 raciones

1 Pelar las naranjas quitándoles la parte blanca. Cortar cada lado de cada membrana para retirar los gajos. Hacerlo sobre un cuenco para aprovechar el zumo.
2 Poner los gajos de naranja en un cuenco grande de servir y echar por encima el apio cortado en rodajas diaglonales, los trozos de cebolla, las mitades de tomate y los canónigos.
3 Añadir al zumo de naranja el ajo machacado, la menta fresca picada, el aceite de oliva y el vinagre balsámico y batir hasta que se mezclen bien. Salpimentar al gusto y verter sobre la ensalada. Mezclar bien antes de servir.

• Cada ración contiene: 249 kcal, 2 g de proteínas, 9 g de carbohidratos, 23 g de grasas, 3 g de grasas saturadas, 3 g de fibra, 0 g de azúcar añadido, 0,19 g de sal.

Una ensalada invernal llena de color, con un delicioso
aliño de nueces.

Ensalada tibia de col lombarda

1 cucharada de aceite de girasol
1 cebolla roja en rodajas
1 col lombarda pequeña (de unos
    350 g) cortada en tiras finas
1 manzana roja, sin corazón
    cortada en trozos grandes
1 zanahoria rallada
2 cucharadas de vinagre balsámico
½ cucharadita de azúcar moreno
½ cucharadita de mostaza de Dijon
4 cucharadas de aceite de nuez
2 cogollos de lechuga cortados no
    muy finamente
50 g de nueces troceadas
perejil para decorar

25 minutos • 4 raciones

1 Calentar el aceite en una sartén y freír la
cebolla 1-2 minutos. Añadir la col y cocer
durante 2-3 minutos más. Retirar del fuego
y echar la manzana y la zanahoria.
2 Mientras tanto, en un cuenco pequeño batir
el vinagre, el azúcar, la mostaza y el aceite de
nuez. Salpimentar al gusto.
3 Disponer las hojas de lechuga en platos
individuales. Colocar encima la ensalada tibia de
col. Echar por encima las nueces troceadas y el
aliño. Espolvorear el perejil y servir.

• Cada ración contiene: 304 kcal, 4 g de proteínas,
10 g de carbohidratos, 28 g de grasas, 3 g de grasas
saturadas, 4 g de fibra, 1 g de azúcar añadido,
0,09 g de sal.

Utilizar fideos soba de trigo sarraceno para un sabor y color más intensos, aunque también pueden servir unos fideos al huevo.

Ensalada de fideos con berros

250 g de fideos soba de trigo
  sarraceno
2 cucharadas de salsa de soja
2 cucharadas de aceite de sésamo
4 cucharadas de sake (licor japonés)
  o vino blanco seco
2 cucharaditas de azúcar molido
8 hojas de menta fresca
1 mango grande y firme, cortado por
  la mitad, pelado y deshuesado
100 g de berros sin los tallos
2 cucharadas de semillas de sésamo
  tostadas
unas gotas de zumo de lima

20 minutos • 4 raciones

1 Cocer los fideos en agua hirviendo con poca sal, según las indicaciones del envase, luego escurrirlos y sumergirlos enseguida en agua fría para refrescarlos y detener el proceso de cocción. Poner la salsa de soja, el aceite de sésamo, el sake y el azúcar en un cazo y calentar a fuego suave. Retirar del fuego e incorporar la menta. Reservar y dejar en infusión.
2 Mientras tanto, cortar el mango en lonchas finas. Escurrir los fideos y echarles el aliño de salsa de soja, el mango, los berros y la mitad de las semillas de sésamo.
3 Repartir en cuatro platos y echar por encima el resto de semillas de sésamo. Rociar con un poco de zumo de lima y servir enseguida.

• Cada ración contiene: 388 kcal, 9 g de proteínas, 53 g de carbohidratos, 16 g de grasas, 2 g de grasas saturadas, 2 g de fibra, 3 g de azúcar añadido, 0,04 g de sal.

Una deliciosa combinación de hinojo asado y sabrosa naranja,
servida sobre un lecho de trigo con hierbas.

Ensalada de trigo bulgur e hinojo

250 g de trigo bulgur
3 hinojos cortados en trozos
4 cucharadas de aceite de oliva
la ralladura y el zumo de 2 naranjas
4 cucharadas de perejil picado
2 cucharadas de menta fresca picada
4 tomates pera cortados en gajos
150 g de aceitunas variadas escurridas
100 g de rúcula

45 minutos • 4 raciones

1 Precalentar el horno a 200 ºC. Poner el bulgur en un cuenco grande, cubrir con 1 litro de agua hirviendo y dejarlo reposar durante 30 minutos. Mientras tanto, poner el hinojo en una fuente de horno grande, rociarlo con el aceite de oliva y salpimentarlo. Añadir la ralladura y la mitad del zumo de naranja y asar en el horno durante 35 minutos hasta que se ablande y se chamusque ligeramente.

2 Escurrir el bulgur. A continuación, añadir el perejil, la menta y el resto del zumo de naranja. Mezclar bien y salpimentar al gusto. Poner los tomates, las aceitunas y la rúcula en un cuenco grande, añadir el hinojo asado con el líquido de la fuente y mezclar bien.

3 Repartir el bulgur en cuatro platos, cubrir con la mezcla de hinojo y tomate, y servir.

• Cada ración contiene: 422 kcal, 9 g de proteínas, 53 g de carbohidratos, 39 g de grasas, 5 g de grasas saturadas, 8 g de fibra, 0 g de azúcar añadido, 0,03 g de sal.

Un paté ligero y fresco, muy fácil de preparar,
que se puede servir con pan crujiente.

Paté de habas con menta

500 kg de habas sin vaina
 y sin la pielecilla exterior
1 diente de ajo muy picado
150 ml de aceite de oliva virgen extra
 y un poco más para rociar
1 pizca de comino molido
1 manojo pequeño de menta fresca
 picada
8 rebanadas de pan integral crujiente
 para acompañar

20 minutos • 4 raciones

1 Hervir las habas en agua ligeramente salada 10-12 minutos, hasta que estén tiernas. Escurrir bien y reservar el agua de cocción. Trasladar las habas a un robot de cocina, añadir el ajo y mezclar hasta formar un puré, añadiendo unas cuantas cucharadas del agua de cocción para darle una consistencia suave.

2 Precalentar el gratinador a temperatura alta. Echar el puré en un cuenco e incorporar el aceite, el comino y la menta. Salpimentar abundantemente. Reservar durante 30 minutos, si es posible, para que los aromas tengan tiempo de desarrollarse.

3 Tostar cada rebanada de pan por ambos lados y cortar por la mitad. Disponer en platos individuales. Poner el paté sobre la tostada caliente y rociar con aceite de oliva virgen extra.

• Cada ración contiene: 413 kcal, 7 g de proteínas, 9 g de carbohidratos, 39 g de grasas, 5 g de grasas saturadas, 8 g de fibra, 0 g de azúcar añadido, 0,03 g de sal.

El bagel es un panecillo elaborado con harina de trigo,
con una masa densa y una cubierta crujiente.

Bagels con verduras a la plancha

5 cucharadas de aceite de oliva
2 pimientos rojos sin semillas
  y en trozos grandes
2 calabacines cortados en rodajas
  finas en diagonal
4 bagels de cebolla (o panecillos)
  partidos por la mitad
2 cucharadas de vinagre balsámico
½ cucharadita de azúcar
70 g de rúcula

15 minutos • 4 raciones

1 Untar una sartén de fondo ondulado
precalentada con un poco de aceite.
Echar los pimientos y los calabacines y asar
4-5 minutos, dándoles la vuelta, hasta que
tengan unas bonitas marcas. Trasladar a una
fuente.
2 Tostar los bagels, con el corte hacia abajo,
sobre la sartén con el fondo ondulado caliente
durante 1 minuto, hasta que se doren. Mientras
tanto, para preparar un aliño, batir el vinagre,
el azúcar y el resto del aceite. Salpimentar
al gusto.
3 Poner los bagels en platos individuales
y cubrir con las verduras asadas y un puñado
de rúcula. Rociar con el aliño y servir enseguida.

• Cada ración contiene: 330 kcal, 7 g de proteínas,
32 g de carbohidratos, 20 g de grasas, 3 g de grasas
saturadas, 3 g de fibra, 1 g de azúcar añadido, 0,72 g
de sal.

La focaccia es un pan italiano redondo y plano que suele venderse aromatizado con hierbas, aceitunas o tomates secados al sol.

Focaccia rellena

400 g de garbanzos cocidos
el zumo de 1 limón
1 diente de ajo
5 cucharadas de aceite de oliva virgen extra
una focaccia de 20 cm con tomates secados al sol
100 g de tomates en aceite semisecos, escurridos
50 g de aceitunas negras marinadas deshuesadas
30 g de ensaladas variadas
1 aguacate pequeño y maduro, cortado por la mitad, deshuesado, pelado y cortado en trozos grandes

15 minutos, más la refrigeración
• 6 raciones

1 Para el humus, combinar los garbanzos, la mitad del zumo de limón y el ajo en un robot de cocina hasta formar una mezcla homogénea. Con el robot aún en funcionamiento, incorporar el aceite poco a poco y sin parar hasta mezclarlo bien con los demás ingredientes. Salpimentar al gusto.

2 Cortar la focaccia en tres capas horizontales del mismo espesor. Extender el humus sobre las dos capas inferiores. A continuación, esparcir por encima los tomates semisecos, las aceitunas y las ensaladas.

3 Aliñar el aguacate con el resto del zumo de limón y salpimentar. Esparcir por encima del relleno y luego volver a montar el pan. Refrigerar durante al menos 15 minutos antes de cortar en triángulos para servir.

• Cada ración contiene: 305 kcal, 8 g de proteínas, 27 g de carbohidratos, 19 g de grasas, 2 g de grasas saturadas, 4 g de fibra, 0 g de azúcar añadido, 1,27 g de sal.

La mezcla de nueces, en un recipiente hermético, se conservará hasta dos días. Solo hay que recalentarla en una plancha.

Espaguetis con nueces y brócoli

350 g de espaguetis
250 g de brócoli cortado en floretes
4 cucharadas de aceite de oliva
1 cebolla pequeña picada
1 diente de ajo machacado
50 g de nueces picadas
50 g de miga de pan blanco
½-1 cucharadita de copos de guindilla
1 cucharada de aceite de nuez

20 minutos • 4 raciones

1 Hervir los espaguetis en agua ligeramente salada 5 minutos. Añadir el brócoli a la cazuela, llevar de nuevo a ebullición y cocer durante 5 minutos más hasta que ambos ingredientes estén hechos.

2 Mientras tanto, calentar la mitad del aceite en una sartén, añadir la cebolla y el ajo y sofreír durante 2 minutos hasta que se ablanden. Añadir las nueces, la miga de pan, los copos de guindilla y el aceite de nuez y cocer, removiendo, hasta que la miga esté crujiente y muy dorada.

3 Escurrir la pasta y el brócoli en un colador. Devolver a la cazuela, añadir el resto del aceite de oliva y remover para mezclar. Repartir en platos individuales. Esparcir por encima la mezcla de nueces y servir enseguida.

• Cada ración contiene: 633 kcal, 17 g de proteínas, 79 g de carbohidratos, 30 g de grasas, 3 g de grasas saturadas, 5 g de fibra, 0 g de azúcar añadido, 0,31 g de sal.

Si no dispones de pasta fresca, puedes sustituirla
por 350 g de pasta seca.

Pasta con guisantes picantes

3 cucharadas de aceite de oliva
300 g de chalotas cortadas
　　por la mitad
4 cucharaditas de comino ligeramente
　　machacado
3 dientes de ajo fileteados
300 g de tomates cherry cortados
　　por la mitad
un buen chorrito de salsa tabasco
400 g de guisantes congelados
la ralladura y el zumo de ½ limón
500 g de macarrones frescos
4 cucharadas de perejil picado

25 minutos • 4 raciones

1 Calentar el aceite en una cazuela amplia.
Añadir las chalotas y cocer durante 8 minutos,
hasta que se ablanden y adquieran un poco
de color. Añadir el comino y el ajo y cocer
durante 2 minutos más.
2 Incorporar los tomates cherry y cocer
durante 5 minutos, hasta que se ablanden.
Añadir la salsa tabasco, los guisantes y la
ralladura y el zumo de limón. Salpimentar
y cocer durante 2-3 minutos.
3 Mientras tanto, cocer la pasta según las
indicaciones del envase y escurrir. Añadir
la pasta a los guisantes y remover hasta que
se mezcle todo bien. Incorporar el perejil y servir.

• Cada ración contiene: 650 kcal, 23 g de proteínas,
110 g de carbohidratos, 16 g de grasas, 2 g de grasas
saturadas, 11 g de fibra, 0 g de azúcar añadido,
0,13 g de sal.

Este plato, lleno de sabor y poco laborioso,
es apto para veganos si utilizas pasta sin huevo.

Pasta con berenjenas

5 cucharadas de aceite de oliva,
   y un poco más para servir
2 berenjenas medianas en dados
2 dientes de ajo muy picados
2 cucharaditas de comino
1 guindilla roja, sin semillas
   y en rodajas
50 g de piñones tostados
50 g de pasas sultanas
350 g de tagliatelle
6 cucharadas de cilantro fresco picado
la ralladura y el zumo de 1 limón
limones cortados por la mitad
   y asados para acompañar
   (opcional)

25 minutos • 4 raciones

1 Calentar el aceite en una sartén grande.
Añadir las berenjenas y sofreír durante 10
minutos, removiendo de vez en cuando,
hasta que se doren. Añadir el ajo, el comino
y la guindilla, y freír durante 4-5 minutos
más. Salpimentar al gusto y añadir los piñones
y las pasas sultanas.
2 Mientras tanto, cocer la pasta en agua
hirviendo ligeramente salada según las
indicaciones del envase.
3 Escurrir bien la pasta y mezclarla con la salsa
de la berenjena, junto con el cilantro y la
ralladura y el zumo de limón. Servir con unas
gotas más de aceite de oliva y limones cortados
por la mitad y asados, si gustan.

• Cada ración contiene: 627 kcal, 15 g de proteínas,
79 g de carbohidratos, 30 g de grasas, 4 g de grasas
saturadas, 6 g de fibra, 0 g de azúcar añadido, 0,07 g
de sal.

Este sencillo plato tailandés hecho con un sabroso caldo,
de fideos y verduras, es una cena que saciará a los comensales.

Fideos Tom Yam

1 cucharada de aceite de girasol
1 cebolla pequeña picada
2 dientes de ajo
150 g de champiñones fileteados
1 pimiento rojo sin semillas
   y en rodajas
2 cucharaditas de pasta de curry roja
   al estilo tailandés
700 ml de caldo de verdura
1 cucharada de salsa de soja
la ralladura entera y el zumo de ½ lima
150 g de fideos al huevo
250 g de brotes de bambú
1 manojo de cilantro fresco

35 minutos • 2 raciones

1 Calentar el aceite en una cazuela y freír la cebolla hasta que esté dorada. Incorporar el ajo, los champiñones y el pimiento y freír 3 minutos. Añadir la pasta de curry y freír durante 1 minuto más. Echar el caldo, la salsa de soja y la ralladura de lima. Hervir a fuego lento durante 3 minutos.
2 Añadir los fideos en la cazuela y llevar a ebullición. Cocer a fuego suave durante 4 minutos, hasta que estén hechos. Incorporar los brotes de bambú y casi todo el cilantro y cocer durante 2 minutos.
3 Repartir los fideos en dos cuencos de sopa. Añadir el zumo de lima al caldo y salpimentar al gusto. Verter encima de los fideos, esparcir el resto del cilantro por encima y servir.

• Cada ración contiene: 393 kcal, 15 g de proteínas, 55 g de carbohidratos, 14 g de grasas, 1 g de grasas saturadas, 7 g de fibra, 0 g de azúcar añadido, 2,77 g de sal.

Una explosión de colores y texturas contrastadas que se adapta
fácilmente a cualquier verdura que tengas a mano.

Ensalada de fideos tibia y crujiente

aceite de girasol para freír
50 g de fideos de arroz crujientes
1 cucharada de aceite
1 trozo de jengibre fresco de 2,5 cm
    picado
2 dientes de ajo machacados
100 g de tirabeques cortados en tiras
    a lo largo
1 zanahoria cortada en tiras
4 cebollas tiernas cortadas en rodajas
175 g de hojas de espinacas cortadas
100 g de brotes de soja
½ pepino pequeño cortado en tiras
50 g de anacardos tostados y picados
el zumo de 1 lima
2 cucharaditas de aceite de chile

30 minutos • 2 raciones

1 Calentar 5 cm de aceite en una cazuela hasta
que un cubito de pan se dore en 30 segundos.
Añadir con cuidado los fideos, en pequeñas
cantidades, y freír durante unos segundos
hasta que queden hinchados y crujientes.
Retirar y escurrir sobre papel de cocina.
2 Calentar una cucharada de aceite en un wok,
añadir el jengibre y los ajos y saltear medio
minuto. Añadir los tirabeques, la zanahoria
y las cebolletas, y saltear 1 minuto. Echar las
espinacas y los brotes de soja y freír otro minuto
más hasta que se ablanden.
3 Retirar del fuego, incorporar el pepino
y salpimentar. Repartir en platos y esparcir
por encima los anacardos y los fideos crujientes.
Rociar con el zumo de lima y el aceite de chile
y servir.

• Cada ración contiene: 458 kcal, 14 g de proteínas,
37 g de carbohidratos, 29 g de grasas, 2 g de grasas
saturadas, 6 g de fibra, 0 g de azúcar añadido,
0,6 g de sal.

Una forma sencilla de dar un sabor inusitado
a las verduras corrientes.

Verduras picantes con coco

1 cucharada de aceite de oliva
1 cebolla troceada
1 cebolla roja troceada
1 guindilla roja pequeña, sin semillas
   y picada
2 zanahorias cortadas en rodajas
250 g de floretes pequeños de brócoli
1 pimiento rojo y 1 amarillo, sin
   semillas y cortados en trozos
200 ml de crema de coco
200 ml de caldo de verdura
½ cucharadita de salsa tabasco
arroz jazmín para acompañar

25 minutos • 4 raciones

1 Calentar el aceite en una cazuela amplia y freír la cebolla y la guindilla durante 1-2 minutos, removiendo de vez en cuando.
2 Añadir las zanahorias, el brócoli y los pimientos y freír 5 minutos más.
3 Incorporar la crema de coco, el caldo y la salsa tabasco, reducir el fuego y cocer suavemente durante 5 minutos. Servir enseguida con arroz jazmín.

• Cada ración contiene: 400 kcal, 7 g de proteínas, 14 g de carbohidratos, 36 g de grasas, 27 g de grasas saturadas, 11 g de fibra, 0 g de azúcar añadido, 0,27 g de sal.

Para hacer este chile utiliza salsa de pimientos rojos ya preparada, disponible en casi todos los supermercados.

Chile de alubias y verduras

3 cucharadas de aceite de oliva
2 cebollas picadas
2 cucharaditas de azúcar molido
250 g de setas de chopo cortadas
en láminas
2 dientes de ajo fileteados
2 cucharaditas de chile en polvo
1 cucharada de cilantro molido
300-350 g de salsa de pimientos
dulces
300 ml de caldo de verdura
400 g de garbanzos cocidos
400 g de alubias cocidas
arroz hervido o pan crujiente para
acompañar

55 minutos • 4 raciones

1 Calentar el aceite en una cacerola grande de fondo grueso. Freír las cebollas con el azúcar a fuego vivo, hasta que se doren bien. Añadir las setas, el ajo, el chile en polvo y el cilantro molido y freír durante 2-3 minutos.
2 Incorporar la salsa de pimientos, el caldo, los garbanzos y las judías, y llevar a ebullición.
3 Reducir, tapar y cocer a fuego suave 20 minutos. Añadir un poco más de caldo si la mezcla se espesa demasiado. Salpimentar y servir con arroz hervido o pan crujiente.

• Cada ración contiene: 303 kcal, 14 g de proteínas, 36 g de carbohidratos, 13 g de grasas, 2 g de grasas saturadas, 8 g de fibra, 5 g de azúcar añadido, 1,4 g de sal.

Esta receta se multiplica con facilidad si hay que alimentar a una multitud.
La mezcla de alubias puede prepararse de antemano y recalentarse.

Cazuela de alubias pochas

1 cucharada de aceite de oliva
3 calabacines medianos cortados
    en trozos grandes
150 ml de vino blanco seco
600 g de salsa de tomate para pasta
150 g de aceitunas negras
    deshuesadas
800 g de alubias pochas cocidas
2 cucharadas de romero fresco picado
50 g de paté vegano
2 dientes de ajo machacados
2 cucharadas de perejil picado
1 baguette mediana cortada
    en rebanadas gruesas

40 minutos • 4 raciones

1 Calentar el aceite en una sartén grande
y freír los calabacines a fuego medio 10
minutos, hasta que estén blandos y un poco
chamuscados.
2 Añadir el vino y dar un hervor rápido, 2
minutos, hasta que se reduzca a la mitad. Añadir
la salsa de tomate, las aceitunas, las alubias y el
romero. Llevar a ebullición y cocer durante 5
minutos a fuego lento. Salpimentar al gusto.
3 Precalentar el gratinador a temperatura
alta. Mezclar el paté vegano, el ajo y el perejil.
Extender sobre el pan en una capa gruesa.
Disponer las rebanadas sobre los demás
ingredientes y gratinar durante 5-10 minutos,
hasta que estén doradas.

• Cada ración contiene: 546 kcal, 24 g de proteínas,
61 g de carbohidratos, 22 g de grasas, 8 g de grasas
saturadas, 15 g de fibra, 0 g de azúcar añadido, 4,35 g
de sal.

Puedes variar esta crema de vino y limón añadiendo
distintas frutas de temporada.

Postre de maracuyá

3 cucharadas de vino blanco
1 cucharada de azúcar molido
la ralladura y el zumo de 1 limón
    pequeño
150 ml de nata espesa
1 maracuyá cortado por la mitad
rodajas de carambola para decorar
galletas para acompañar (opcional)

10 minutos, más el marinado
• 2 raciones

1 Mezclar el vino blanco, el azúcar y la ralladura
y el zumo de limón y dejar marinar durante
al menos 30 minutos.
2 Echar la nata sobre la mezcla de vino blanco
y batir con una batidora eléctrica hasta que
forme picos blandos.
3 Sacar con una cuchara la carne y las semillas
del maracuyá y mezclar suavemente con la
mezcla de nata. Poner en dos copas o vasos y
decorar con las rodajas de carambola. Servir
con galletas, si gustan.

• Cada ración contiene: 394 kcal, 2,5 g de proteínas,
12 g de carbohidratos, 36 g de grasas, 22,5 g de
grasas saturadas, 1 g de fibra, 8 g de azúcar añadido,
0,9 g de sal.

Esta mousse ligera y espumosa queda mejor si se prepara
con chocolate negro de alta calidad.

Mousse de capuchino

125 g de chocolate para fundir
1 cucharada de café instantáneo
2 cucharadas de Tia Maria (licor
de café)
4 claras de huevo
150 g de azúcar molido
300 ml de nata espesa
cacao en polvo

15 minutos, más la refrigeración
• 6 raciones

1 Fundir el chocolate en un cuenco colocado
sobre un cazo de agua hirviendo, asegurándose
de que no penetre el agua. Retirar del fuego
y dejar enfriar. Disolver el café en dos
cucharadas de agua hirviendo y añadir el Tia
Maria. Incorporar al chocolate.
2 En un cuenco batir las claras de huevo
hasta que formen picos blandos. Poco a poco,
añadir batiendo el azúcar molido hasta que
espese. Incorporar dos cucharadas del
merengue a la mezcla de chocolate para diluirla
y luego añadir el resto. Servir la mousse en 6
tazas de capuchino y refrigerar durante al menos
20 minutos.
3 Batir ligeramente la nata y disponerla con una
cuchara sobre cada mousse. Espolvorear con
cacao para servir.

• Cada ración contiene: 461 kcal, 5 g de proteínas,
42 g de carbohidratos, 31 g de grasas, 19 g de grasas
saturadas, 0,5 g de fibra, 38 g de azúcar añadido,
0,22 g de sal.

Algunas verdulerías venden piña fresca ya pelada y cortada en rodajas, lo que ayudará a una preparació más rápida de esta receta.

Piña con ron y pasas

1 piña madura
25 g de mantequilla
50 g de azúcar mascabado
25 g de pasas
25 g de nueces pecanas
50 ml de ron
helado de vainilla para acompañar
  (opcional)

20 minutos • 4 raciones

1 Quitar los «ojos» de la piña. Cortar por la mitad a lo largo, quitar el tronco central y cortar en medias lunas. Fundir la mantequilla en una sartén con el fondo ondulado. Añadir las medias lunas de piña y freírlas hasta que se doren, unos 3 minutos por cada lado.
2 Echar por encima el azúcar, las pasas y las nueces pecanas y cocer hasta que el azúcar se funda y espese.
3 Añadir con cuidado el ron y flambearlo con una cerilla larga. Dejar que las llamas se apaguen. Servir las medias lunas de piña con la salsa por encima y una cucharada de helado de vainilla, si gusta.

• Cada ración contiene: 286 kcal, 2 g de proteínas, 43 g de carbohidratos, 10 g de grasas, 3 g de grasas saturadas, 3 g de fibra, 13 g de azúcar añadido, 0,14 g de sal.

Reducir el contenido calórico del queso mascarpone
mezclándolo con yogur.

Crema de mascarpone con uvas

150 ml de vino tinto
50 g de azúcar molido
2 cucharaditas de arrurruz
350 g de uvas blancas o negras
    sin pepitas
250 g de queso mascarpone
250 g de yogur griego
2 cucharadas de miel clara

20 minutos, más la refrigeración
• 4 raciones

1 Poner el vino tinto y el azúcar en una cazuela
amplia, llevar a ebullición y cocer a fuego lento
hasta que se disuelva el azúcar. Mezclar el
arrurruz con un poco de agua fría hasta formar
una pasta homogénea y luego incorporarlo
al vino. Hervir removiendo sin cesar durante 1
minuto hasta que espese.
2 Incorporar las uvas a la mezcla, llevar
a ebullición, tapar y cocer a fuego suave 2
minutos. Dejar que se enfríe. Servir en cuatro
vasos altos.
3 Poner el mascarpone, el yogur y la miel
en un cuenco grande y batir hasta que formen
una mezcla homogénea. Colocar con una
cuchara sobre las uvas y refrigerar hasta que
vaya a servirse.

• Cada ración contiene: 487 kcal, 0 g de proteínas,
35 g de carbohidratos, 34 g de grasas, 22 g de grasas
saturadas, 1 g de fibra, 19 g de azúcar añadido,
0,58 g de sal.

Un cremoso helado de yogur con muchas menos calorías
que el helado normal. Encontrarás arándanos secos
en los supermercados más grandes.

Helado de yogur con arándanos

100 g de arándanos secos
la ralladura y el zumo de 1 naranja
500 ml de yogur griego
50 g de azúcar molido
150 ml de nata espesa
3 cucharadas de coñac

35 minutos • 6 raciones

1 Poner los arándanos, la ralladura y el zumo de naranja y 150 ml de agua en una cazuela, llevar a ebullición, tapar y cocer a fuego lento 25 minutos, hasta que los arándanos estén muy blandos. Dejar que se enfríe por completo.
2 Batir el yogur, el azúcar y la nata espesa hasta que el azúcar se disuelva parcialmente. Incorporar el coñac y echar en un recipiente que pueda meterse en el congelador. Congelar 3 horas hasta que espese. Echar la mezcla de arándanos y remover hasta que quede bien repartido.
3 Congelar hasta que esté sólido. Trasladar a la nevera y dejar 20 minutos aproximadamente antes de servir. Consumir en un plazo de 2 meses.

• Cada ración contiene: 263 kcal, 6 g de proteínas, 12 g de carbohidratos, 20 g de grasas, 12 g de grasas saturadas, 1 g de fibra, 9 g de azúcar añadido, 0,18 g de sal.

Una mezcla ligera de frambuesas y naranja se combina
con crujientes copos de avena para preparar un postre sin lactosa.

Crema crujiente de frambuesas

300 g de frambuesas y unas cuantas
   más para decorar
150 g de azúcar glas
250 g de queso cremoso sin lactosa
400 ml de yogur sin lactosa
la ralladura y el zumo de 1 naranja
150 g de copos de avena
hojas de menta para decorar

15 minutos, más la refrigeración
• 4 raciones

1 Poner un tercio de las frambuesas en
un robot de cocina con la mitad del azúcar
glas y combinar hasta formar una mezcla
homogénea. Pasar por un tamiz.
2 Batir en un cuenco el queso cremoso sin
lactosa, el yogur sin lactosa, la ralladura y el
zumo de naranja con el resto del azúcar glas
hasta formar una mezcla homogénea. Mezclar
con el puré de frambuesas e incorporar las
restantes enteras.
3 Repartir la mitad de la mezcla en cuatro vasos.
Cubrir con la mitad de los copos de avena
y poner encima el resto del puré de frambuesas.
Añadir el resto de los copos y decorar con
frambuesas azucaradas y hojas de menta.
Refrigerar 1 hora antes de servir.

• Cada ración contiene: 565 kcal, 20 g de proteínas,
76 g de carbohidratos, 22 g de grasas, 1 g de grasas
saturadas, 2 g de fibra, 44 g de azúcar añadido,
1,46 g de sal.

El yogur y el queso cremoso sin lactosa se encuentran en grandes supermercados o tiendas de alimentos integrales.

Crema quemada de melocotón melba

250 g de frambuesas
150 g de azúcar glas
300 ml de yogur sin lactosa
250 g de queso cremoso sin lactosa
la ralladura de 1 limón
2 melocotones pelados, cortados
    por la mitad y luego en rodajas
50 g de azúcar moreno de caña

25 minutos • 4 raciones

1 Combinar la mitad de las frambuesas con 25 g de azúcar glas en un robot de cocina hasta formar una mezcla homogénea. Poner el resto del azúcar glas, el yogur sin lactosa, el queso cremoso y la ralladura de limón en un cuenco y batir bien.

2 Precalentar el gratinador a temperatura alta. Repartir el resto de las frambuesas y las rodajas de melocotón en cuatro recipientes individuales de 225 ml. Poner por encima con una cuchara el puré de frambuesas.

3 Cubrir con la mezcla de yogur y espolvorear con el azúcar moreno de caña. Gratinar hasta que el azúcar se caramelice. Dejar que se enfríe un poco antes de servir.

• Cada ración contiene: 461 kcal, 15 g de proteínas, 62 g de carbohidratos, 19 g de grasas, 0 g de grasas saturadas, 2 g de fibra, 52,5 g de azúcar añadido, 0,87 g de sal.

Un postre sencillo enriquecido con el sabor
de lujo del azafrán.

Arroz con leche al azafrán

una pizca de azafrán
175 g de arroz
600 ml de leche
300 ml de nata espesa
125 g de azúcar molido
la peladura en tiras y el zumo
    de 2 limones
crema de limón y galletas para
    acompañar (opcional)

35 minutos • 4 raciones

1 Echar el azafrán sobre dos cucharadas de
agua caliente y dejar en remojo durante 5
minutos.
2 Mientras tanto, poner el arroz, la leche,
la nata espesa, el azúcar molido y la mitad
de la peladura de limón en una cazuela ancha.
Llevar a ebullición y cocer a fuego suave
durante 20-25 minutos, hasta que el arroz esté
tierno y la mezcla haya espesado. Incorporar el
agua con azafrán y el zumo de limón.
3 Poner en cuencos de servir y espolvorear
con el resto de la peladura de limón. Servir con
una cucharada de crema de limón y galletas,
si gustan.

• Cada ración contiene: 723 kcal, 9 g de proteínas,
81 g de carbohidratos, 42 g de grasas, 26 g de grasas
saturadas, 0,02 g de fibra, 33 g de azúcar añadido,
0,29 g de sal.

Asalta el frutero y la despensa para preparar
este sustancioso postre.

Postre crujiente de frutas tropicales

50 g de mantequilla
100 g de copos de avena
6 cucharadas de azúcar moreno
   de caña
4 cucharadas de coco rallado
2 plátanos cortados en trozos grandes
2 mangos maduros pelados y cortados
   en trozos grandes
250 g de trozos de piña troceada en
   conserva al natural
natillas o nata espesa
   para acompañar

15 minutos • 4 raciones

1 Fundir dos tercios de la mantequilla en una sartén grande. Echar por encima la avena, cuatro cucharadas de azúcar moreno y el coco rallado y cocer durante 3-4 minutos, removiendo de vez en cuando, hasta que quede crujiente y dorado.

2 Mientras tanto, fundir el resto de la mantequilla en otra sartén y añadir los plátanos, los mangos y los trozos de piña. Espolvorear con el azúcar moreno y cocer a fuego lento durante 5 minutos, hasta que la mezcla se ablande y se caramelice.

3 Distribuir la fruta en cuatro platos y echar por encima la mezcla de avena crujiente. Servir con natillas o nata espesa.

• Cada ración contiene: 589 kcal, 7 g de proteínas, 91 g de carbohidratos, 25 g de grasas, 16 g de grasas saturadas, 11 g de fibra, 16 g de azúcar añadido, 0,41 g de sal.

Este postre espectacular se prepara con solo cuatro ingredientes y es uno de los más fáciles de hacer.

Tarta de almendras y nectarinas

150 g de mazapán cortado en trozos grandes
5 cucharadas de nata espesa
400 g de masa de hojaldre
4 nectarinas cortadas por la mitad, deshuesadas y cortadas en rodajas finas
crème fraîche para acompañar

30 minutos • 8 raciones

1 Precalentar el horno a 200 ºC. Meter el mazapán en un robot de cocina con la nata y mezclar hasta formar una pasta espesa. Si es necesario, extender la masa de hojaldre hasta formar un rectángulo de 30 x 23 cm.
2 Colocar la masa sobre una hoja de papel de horno y marcar alrededor una línea a 2 cm del borde. Extender la pasta de mazapán sobre la masa dentro de la línea y disponer encima las rodajas de nectarina en filas.
3 Meter en el horno durante 15-20 minutos, hasta que la masa se dore y suba. Cortar en cuadrados y servir con *crème fraîche*.

• Cada ración contiene: 311 kcal, 4 g de proteínas, 34 g de carbohidratos, 18 g de grasas, 7 g de grasas saturadas, 1 g de fibra, 9 g de azúcar añadido, 0,39 g de sal.

Añadir licor de flores de saúco al relleno de grosellas,
le dará más gracia al postre y algo más de chispa.

Postre de grosellas silvestres y flores de saúco

500 g de grosellas silvestres sin
   cabeza ni tallo
175 g de azúcar molido
3 cucharadas de licor de flores de
   saúco
75 g de mantequilla cortada en dados
   a temperatura ambiente y un poco
   más para engrasar
175 g de harina de trigo
50 g de nueces pecanas picadas
crema inglesa, helado o nata para
   acompañar

55 minutos • 6 raciones

1 Precalentar el horno a 190 °C. Engrasar una fuente de 1,2 litros. Poner las grosellas silvestres, dos tercios del azúcar y el licor de flores de saúco en una cazuela a fuego lento durante 5 minutos, hasta que la fruta esté blanda. Trasladar a la fuente engrasada.
2 Para hacer el postre, mezclar la mantequilla con la harina hasta que la mezcla parezca miga de pan. Incorporar el resto del azúcar y las nueces pecanas. Echar por encima de las grosellas silvestres y nivelar la superficie. Hornear durante 30-40 minutos, hasta que la superficie se dore.
3 Repartir el postre en cuencos individuales y servir enseguida con crema inglesa, helado o nata.

• Cada ración contiene: 381 kcal, 5 g de proteínas, 57 g de carbohidratos, 17 g de grasas, 7 g de grasas saturadas, 4 g de fibra, 31 g de azúcar añadido, 0,25 g de sal.

Un delicioso pudin de otoño que se puede adaptar con facilidad a la mayoría de las frutas de la estación. Servir con nata líquida.

Pudin de manzanas y moras

75 g de harina con levadura
75 g de manteca vegetal
100 g de miga de pan
la ralladura y el zumo de 1 naranja grande
5 cucharadas de leche
25 g de mantequilla
1 manzana grande pelada, sin corazón y picada
100 g de moras
100 g de azúcar molido
nata líquida para servir

55 minutos • 6 raciones

1 Precalentar el horno a 200 °C. Tamizar la harina en un cuenco, incorporar una pizca de sal, la manteca, la miga de pan, la ralladura de naranja y la leche suficiente para formar una mezcla blanda.

2 Fundir la mantequilla en una sartén grande y sofreír la manzana durante 5 minutos, hasta que se ablande. Incorporar a la mezcla de manteca y luego extenderla en una fuente de 1,2 litros. Echar las moras por encima.

3 Poner el zumo de naranja, el azúcar y 125 ml de agua en una cazuela. Calentar, removiendo, hasta que el azúcar se disuelva, y luego dar un hervor rápido hasta que la mezcla adquiera un suave color dorado. Verter sobre el pudin. Dejar que repose 10 minutos y luego hornear 25 minutos. Servir caliente o tibio con nata líquida.

• Cada ración contiene: 286 kcal, 5 g de proteínas, 56 g de carbohidratos, 6 g de grasas, 3 g de grasas saturadas, 2 g de fibra, 22 g de azúcar añadido, 0,57 g de sal.

Índice

Créditos de fotografías y recetas

La revista *BBC Worldwide* desea expresar su agradecimiento a las personas por haber proporcionado las fotografías de este libro. Aunque nos hemos esforzado al máximo por rastrear y acreditar a todos los fotógrafos, queremos pedir disculpas en caso de que haya algún error u omisión.

Chris Alack pp. 21, 105, 159, 171, 179, 205; Marie-Louise Avery pp. 65, 101; Iain Bagwell p. 87; Clive Bozzard-Hill pp. 31, 59, 161, 203; Peter Cassidy pp. 49, 125, 207, 211; Ken Field pp. 13, 19, 47, 109, 117, 123, 129; Dave King pp. 111, 139, 191; Richard Kolker pp. 23, 37, 121; David Munns p. 25; Myles New p. 57; Thomas Odulate pp. 39, 153, 193, 199, 201; William Reavell pp. 11, 41, 107, 127, 133, 137, 151, 165, 181, 193, 197; Howard Shooter pp. 15, 29, 163; Simon Smith pp. 81, 97, 115, 155; Roger Stowell pp. 27, 33, 35, 75, 77, 113, 145, 147; Sam Stowell pp. 45, 157, 167, 209; Mark Thompson p. 131; Trevor Vaughan pp. 53, 61, 71, 79, 99, 103, 135, 143, 149, 187, 189; Ian Wallace pp. 43, 175; Simon Wheeler pp. 67, 69, 85, 141, 185; Jonathan Whitaker pp. 17, 55, 119; Frank Wieder pp. 63, 73, 83, 89, 91, 93, 95, 177, 183; BBC Worldwide pp. 51, 169, 173

Todas las recetas de este libro han sido creadas por el equipo editorial de *Good Food* y los colaboradores habituales de la revista.

Sue Ashworth, Barbara Baker, Lorna Brash, Sara Buenfeld, Mary Cadogan, Jane Clarke, Linda Collister, Alison Cork, Roz Denny, Barney Desmazery, Matthew Drennan, Lewis Esson, Joanna Farrow, Margaret Fineran, Silvana Franco, Moyra Fraser, Brian Glover, Carole Handslip, Alastair Hendy, Margaret Hickey, Carrie Hill, Geraldene Holt, Fiona Hunter, Sue Lawrence, Kate Moseley, Orlando Murrin, Vicky Musselman, Jane Newdick, Angela Nilson, Maggie Pannell, Thane Prince, Rosie Squire, Sue Style, Jenny White, Mitzie Wilson, Antony Worrall Thompson y Jeni Wright.